아는만큼
재미있는

스마트폰
활용

이 책의 구성

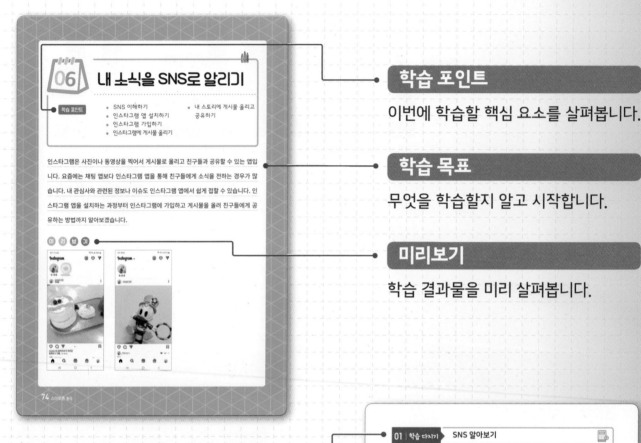

실력 다지기

응용 예제를 통해 학습 내용을 정리하고 복습합니다.

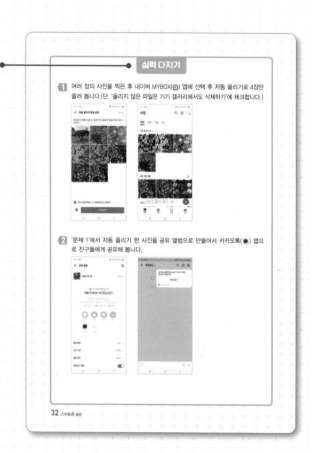

 참 고

본 도서의 실습 과정은 안드로이드 10 버전의 삼성 스마트폰을 기준으로 설명하고 있습니다. 스마트폰의 운영체제와 앱 어플리케이션 버전에 따라 용어, 이미지, 기능, 실습 과정 등이 교재와 다를 수 있습니다.

🅐 예제파일 다운로드

1 시대인 홈페이지(www.sdedu.co.kr)에 접속한 후, 로그인합니다.
※ 회원이 아닌 경우 [회원가입]을 클릭하여 가입한 후 로그인을 합니다.

2 홈페이지 위쪽의 메뉴에서 [프로그램]을 선택합니다.

3 프로그램 자료실 화면이 나타나면 책 제목을 검색합니다. 검색된 결과 목록에서 해당 도서를 클릭합니다.

4 관련 페이지가 열리면 '[아는 만큼 재미있는] 스마트폰 활용.zip'을 클릭하여 예제 파일을 다운로드한 후 압축을 풀어 학습합니다.

이 책의 목차

01 나도 이제 사진 편집 전문가

학습 포인트

- EPIK-에픽 앱 설치하기
- 부분 지우개 사용하기
- 사진 자르기
- 사진 배경 바꾸기
- 사진 모자이크하기
- 사진 AI 필터 적용하기
- 사진 스티커로 꾸미기

스마트폰으로 사진을 찍고 전문가처럼 편집할 수 있습니다. 스마트폰에 기본으로 설치되어 있는 사진 편집 앱을 사용할 수도 있지만, 각종 필터와 스티커 등을 무료로 제공해 주는 앱을 설치하여 조금 더 전문적으로 사진을 편집해 보겠습니다.

Step 01 포토 에디터 앱

안드로이드폰에는 기본 사진 편집 앱으로 포토 에디터 앱이 설치되어 있습니다. 갤러리 앱에서 편집할 사진의 편집(✎) 아이콘을 터치하면 포토 에디터 앱이 실행됩니다. 포토 에디터 앱은 편리한 자동 편집 기능이 있어 쉽고 빠르게 사진을 보정할 수 있습니다. 원하는 크기로 사진을 자르는 것부터 필터, 밝기 조절 등의 다양한 편집 기능으로 인물 보정과 채도 조정이 가능하고, 스티커와 텍스트, 그리기 등의 기능으로 사진을 꾸밀 수 있습니다.

새로운 버전의 스마트폰이 나올 때마다 포토 에디터 앱이 업데이트되어 더 좋은 기능을 제공하지만, 이전 버전의 스마트폰의 경우 업데이트된 포토 에디터 앱이 제공되지 않아 새로운 기능을 사용할 수 없다는 단점이 있습니다.

▲ 선택한 사진에서 편집 기능 선택 ▲ 포토 에디터 앱을 통한 사진 편집

EPIK-에픽 앱은 카메라 앱인 SNOW(스노우) 제작사에서 제작한 것으로 계속 업그레이드 중입니다. 한국에서 제작하였기 때문에 한글 폰트를 잘 활용할 수 있고, 모든 기능을 무료로 사용할 수 있습니다. 기본적인 사진 색감 보정이나 사진 자르기부터 사진 속 사람을 사라지게 하거나 모자이크 처리, 스티커로 사진 꾸미기 등의 편집을 할 수 있습니다.

▲ 사진 조정

▲ 사진 자르기

▲ 부분 지우개 기능

▲ 스티커 기능

●●●●
Step 01 **EPIK-에픽 앱 설치하기**

01 홈 화면에서 [Play 스토어(▶)] 앱을 터치합니다. Play 스토어가 실행되면 Google play 검색 창에 **'사진편집'을 입력**합니다. 관련 앱 목록이 나타나면 그중 [**EPIK 에픽 – 사진 편집**]을 **터치**합니다.

02 [**설치**] 버튼을 **터치**하여 설치를 진행한 후 EPIK-에픽(⑤) 앱을 실행합니다. 안내 창의 '**EPIK 이용약관에 동의**'와 '**EPIK 개인정보 수집 및 이용에 동의**'에 **체크**하고 [**계속**] 버튼을 **터치**합니다.

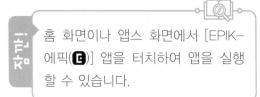

참고 홈 화면이나 앱스 화면에서 [EPIK-에픽(⑤)] 앱을 터치하여 앱을 실행할 수 있습니다.

01 사진 편집을 시작하기 위해 **[편집 시작]** 버튼을 **터치**한 후 사진, 미디어, 파일에 액세스 하도록 허용해 달라는 창이 나타나면 **[허용]**을 **터치**합니다. 사진선택 화면에서 **편집할 사진을 선택**합니다.

  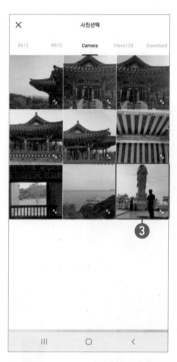

02 아래 메뉴 중 **[도구] – [부분 지우개]**를 **터치**하고 **크기 슬라이드 바를 드래그**하여 부분 지 우개의 크기를 설정합니다.

03 사진에서 지우고 싶은 부분을 **부분 지우개로 드래그**합니다. 불필요한 부분을 지운 사진
이 마음에 들면 아래쪽의 ☑를 **터치**합니다.

최신 버전의 안드로이드폰이라면 기본 사진 편집 앱(포토 에디터 앱)의 부분 지우개 기능을 사용할 수 있
습니다. 하지만 이전 버전의 스마트폰이나 아이폰을 사용하고 있다면 EPIK−에픽 앱을 설치하는 것이 좋습
니다.

04 사진을 저장하려면 오른쪽 상단의 ⬇를 **터치**하여 사진을 저장합니다.

▶ 원하는 크기로 사진 자르기

01 [다른 사진 편집] 버튼을 터치하여 편집할 사진을 불러옵니다. 아래 메뉴 중 [도구] – [자르기]를 터치합니다.

02 여러 비율의 자르기 메뉴 중 [정사각형]을 선택합니다. 사진이 정사각형 비율로 조정되면 **자르기 선을 드래그**하여 원하는 크기로 조절합니다. 마음에 들게 사진이 잘렸으면 ✓를 터치합니다.

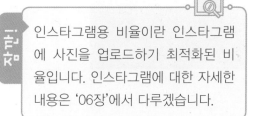

인스타그램용 비율이란 인스타그램에 사진을 업로드하기 최적화된 비율입니다. 인스타그램에 대한 자세한 내용은 '06장'에서 다루겠습니다.

▶ 사진에 배경을 넣어 꾸미기

01 사진에 배경을 넣어 꾸밈 효과를 주기 위해 아래 메뉴 중 **[배경] – [사진]**을 **터치**한 후 **[불러오기]**를 **터치**합니다.

꾸미기

배경

사진에 배경을 추가로 넣을 때 사용하는 기능입니다. [비율], [색상], [사진] 메뉴 중에서 [비율]은 사진의 비율을 조절할 수 있습니다. [색상]은 배경으로 원하는 색상을 넣을 수 있고, [사진]은 EPIK-에픽 앱에서 제공하는 샘플 사진이나 내 사진을 배경으로 넣을 수 있습니다.

02 샘플 사진 중에서 **원하는 사진을 선택**하면 편집한 사진 뒤에 배경으로 나타납니다. 배경이 마음에 들면 ↓를 **터치**하여 사진을 저장합니다.

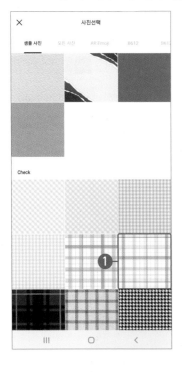

이전 취소

원본사진 비교

흐리기 조절

다른 사진 불러오기

▶ 사진의 일부분 모자이크 처리하기

01 사진의 일부분을 모자이크 처리하는 방법을 알아보겠습니다. 모자이크할 사진을 불러온 후 아래 메뉴 중 **[도구] – [모자이크]를 터치**합니다. 다양한 모자이크 모양 중 **하나를 선택**하고 **크기를 설정**한 후 **얼굴 위에 드래그**합니다. 블러 처리한 것처럼 흐려집니다.

02 다른 모자이크 모양을 선택하여 **크기를 설정**하고 **얼굴 부분을 드래그**합니다. ■를 터치한 후 ↓를 **터치**하여 사진을 저장합니다.

▶ AI 필터 효과 주고 스티커로 꾸미기

01 만화 주인공처럼 필터 효과를 줄 사진을 불러온 후 아래 메뉴 중 [AI 필터]를 터치합니다.
다양한 필터 중 [애니메이션]을 선택합니다.

> **꿀팁** AI 필터는 인물의 얼굴을 애니메이션, 3D 캐릭터, 제페토 등으로 변경할 수 있습니다. 다른 필터도 각각 터
> 치해서 어떻게 변하는지 확인한 후 마음에 드는 필터를 사용해 봅니다.

02 ■를 **터치**하여 애니메이션 필터를 적용합니다. 스티커를 추가하여 꾸미기 위해 아래
메뉴 중 [스티커]를 **터치**합니다.

03 상단 메뉴에서 스티커 카테고리를 선택하면 해당 카테고리와 관련된 스티커가 나타납니다. 요즘 유행하는 스티커를 삽입하기 위해 ▨를 **터치**하고 마음에 드는 **스티커를 선택**합니다. 삽입된 **스티커를 드래그**하여 옮기고 편집하기 위해 **[편집]**을 **터치**합니다.

04 삽입한 스티커의 편집 메뉴가 나타납니다. **[투명도]**를 **터치**하고 **투명도의 슬라이드를 드래그**하면 스티커의 투명도가 변경됩니다. **[추가]**를 **터치**하여 **다른 스티커도 추가**한 후 ∨를 **터치**하여 스티커를 적용합니다. ⬇를 **터치**하여 사진을 저장합니다.

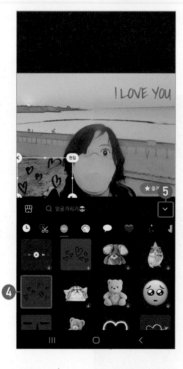

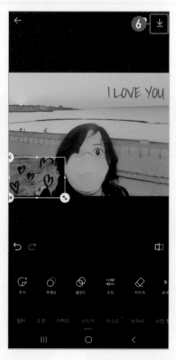

준비파일 [아는 만큼 재미있는] 스마트폰 활용.zip

1 EPIK-에픽(**E**) 앱을 사용하여 뒤쪽의 동물을 사라지게 만들어 봅니다.

 ▷

2 EPIK-에픽(**E**) 앱을 사용하여 '5:4' 비율로 사진을 자르고, 스티커로 사진을 꾸며 봅니다.

 ▷

02 클라우드에 사진 저장하기

학습 포인트
- 네이버 MYBOX 앱 설치하기
- 사진 자동 올리기
- 사진 직접 올리고 내려받기
- 사진 삭제 후 복원하기
- 공유 앨범 만들어 사진 공유하기

스마트폰의 저장 공간을 확보하기 위해 용량이 큰 사진은 클라우드에 저장하는 것이 좋습니다. 네이버, 구글, 마이크로소프트 등에서 다양한 클라우드 서비스를 제공하고 있습니다. 만약 네이버를 자주 이용한다면 네이버에서 제공하는 MYBOX라는 클라우드 서비스를 이용하는 것이 좋습니다. 네이버 MYBOX에 촬영한 사진을 선택해서 자동으로 올리거나 앨범 형태로 다른 사람과 사진을 공유하는 등의 기능을 사용할 수 있습니다.

Step 01   클라우드

클라우드(cloud)는 '구름'을 뜻합니다. 클라우드에 사진 및 자료를 저장하면 개인 컴퓨터 드라이브에 저장되는 것이 아닌 클라우드 회사의 중앙 컴퓨터에 저장되는 것입니다. 보통 클라우드 회사의 중앙 컴퓨터를 서버라고 하는데 이 서버를 관행적으로 구름 모양으로 표시하기 때문에 클라우드라고 부릅니다. 클라우드에 사진 및 자료를 저장해두면 언제 어디서나 필요할 때 불러올 수 있습니다. 따라서 많은 사람이 클라우드 서비스를 이용하고 있고, 클라우드 회사는 서버의 보안 관리를 철저히 하고 있습니다.

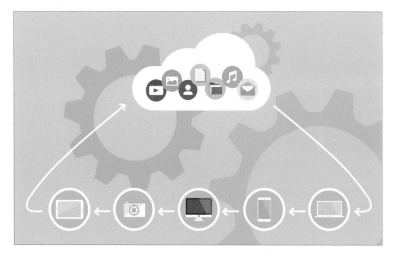

Step 02   네이버 MYBOX

네이버는 MYBOX라는 클라우드 서비스를 제공하고 있습니다. 네이버 MYBOX에 사진 및 자료를 보관하면 언제 어디서나 다운받을 수 있고, 여러 사람과 공유할 수 있습니다. 그 외 사진 감상 및 문서 조회와 편집 기능도 사용할 수 있습니다. 네이버 MYBOX는 최대 30GB의 용량을 무료로 사용할 수 있고, 30GB 이상의 용량을 사용하고 싶다면 네이버 멤버십에 가입하여 이용권을 구매해야 합니다.

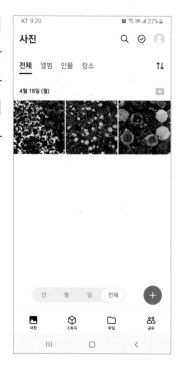

01 Play 스토어(▶) 앱을 실행합니다. Google play 검색 창에 '**마이박스'를 입력**합니다. 관련 앱 목록이 나타나면 그중 [**네이버 MYBOX]를 터치**합니다. [**설치] 버튼을 터치**하여 설치를 진행합니다.

02 [**열기] 버튼을 터치**하여 네이버 MYBOX(◉) 앱을 실행합니다. 사진, 미디어, 파일에 액세스 허용 창이 나타나면 [**허용]을 터치**합니다. **네이버 계정으로 로그인**합니다.

 설치 후에는 홈 화면이나 앱스 화면에서 [네이버 MYBOX(◉)] 앱을 터치하여 실행할 수 있습니다.

03 자동 올리기 사용 설정 그대로 **[확인]** 버튼을 **터치**합니다. 자동 올리기를 효율적으로 사용하기 위한 설정 사항을 확인한 후 기본 선택 사항 그대로 **[확인]** 버튼을 **터치**합니다.

04 자동 올리기 설정 완료 창에 **[확인]**을 **터치**합니다. 홍보 창은 **[다시 보지 않기]**를 **터치**하여 닫습니다. 네이버 MYBOX 앱의 첫 화면이 나타납니다.

01 자동 올리기 설정을 변경하기 위해 👤를 터치합니다. [MYBOX 설정]을 터치합니다.

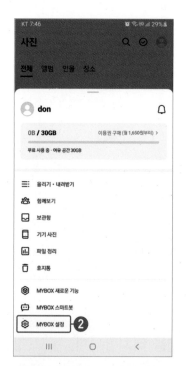

02 [올리기/내려받기]-[자동 올리기]를 터치합니다. 사진을 선택한 후 자동으로 올리기 위해 [선택 후 자동 올리기]를 터치합니다.

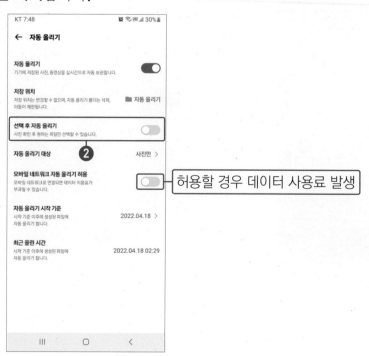

허용할 경우 데이터 사용료 발생

> **잠깐** [모바일 네트워크 자동 올리기 허용]을 허용하지 않으면 와이파이 접속 시에만 네이버 MYBOX 앱에 사진을 올릴 수 있습니다.

03 스마트폰으로 사진을 찍은 후 와이파이 상태에서 네이버 MYBOX(◉) 앱을 실행하면 자동 올리기 파일 선택 화면이 나타납니다. **[선택 취소]를 터치하고 자동으로 올릴 사진만 다시 선택**합니다. 아래쪽의 '**올리지 않은 파일은 기기 갤러리에서도 삭제하기**'에 체크하고 **[올리기] 버튼을 터치**합니다. 선택한 사진만 자동으로 올라간 후 네이버 MYBOX 앱에 올리지 않은 사진은 내 갤러리에서 삭제됩니다.

휴지통

삭제된 사진은 갤러리(✽) 앱 휴지통에 30일 동안 보관되어 있습니다. [편집]을 터치하고 복원할 사진을 선택한 후 [복원]을 터치하면 다시 갤러리로 복원할 수 있습니다.

▶ 사진 직접 올리기

01 사진을 직접 올리기 위해 ⊕를 **터치**합니다. 갤러리에 있는 사진을 올리기 위해 올리기 창에서 **[갤러리]를 선택**합니다.

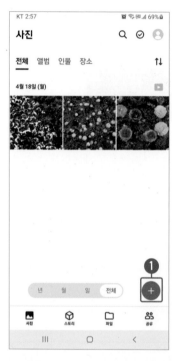
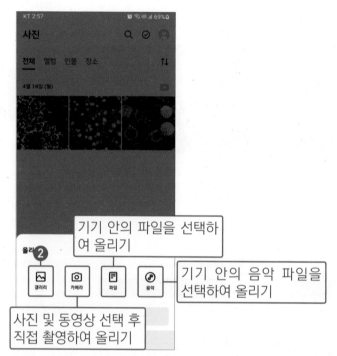

기기 안의 파일을 선택하여 올리기

기기 안의 음악 파일을 선택하여 올리기

사진 및 동영상 선택 후 직접 촬영하여 올리기

02 갤러리에서 올리려고 하는 **사진 또는 동영상을 모두 선택**하고 폴더를 지정한 후 올리기 위해 **[위치 변경]을 터치**합니다. 위치 선택 화면에서 새 폴더를 만들기 위해 ▢⁺를 **터치**합니다.

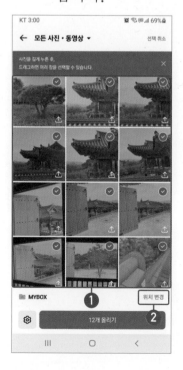

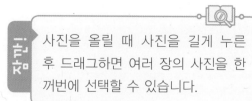

사진을 올릴 때 사진을 길게 누른 후 드래그하면 여러 장의 사진을 한 꺼번에 선택할 수 있습니다.

03 새폴더 만들기 창에 폴더 이름을 '여행'이라고 입력하고 [확인]을 터치합니다. [선택 완료] 버튼을 터치합니다.

04 [올리기] 버튼을 터치하면 선택한 사진들이 '여행' 폴더로 전송됩니다. ☒를 터치하여 올리기 · 내려받기 창을 닫습니다.

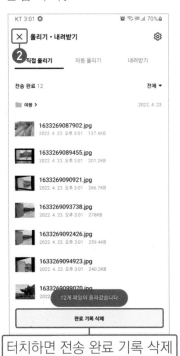

터치하면 전송 완료 기록 삭제

▶ 사진 내려받기

01 네이버 MYBOX 앱에서 다운로드할 사진을 선택하기 위해 오른쪽 상단의 ⊘를 **터치**합니다. **사진을 선택**한 후 하단의 **[내려받기]를 터치**합니다.

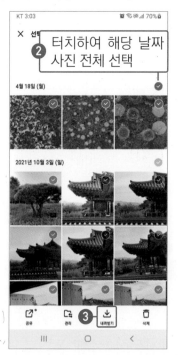

02 선택한 사진의 다운로드가 진행됩니다. **[보관함]을 터치**하면 다운로드한 사진의 목록이 나타납니다.

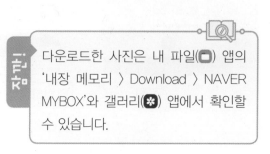

다운로드한 사진은 내 파일(▣) 앱의 '내장 메모리 〉 Download 〉 NAVER MYBOX'와 갤러리(✳) 앱에서 확인할 수 있습니다.

PC에서 다운로드한 파일을 스마트폰에서 바로 확인하기

PC에서 네이버 메일의 첨부파일을 다운로드할 때 [네이버 MYBOX(◎)] 아이콘을 클릭하여 바로 네이버 MYBOX에 다운로드합니다. 스마트폰의 네이버 MYBOX(◎) 앱을 실행하여 [파일]을 터치하면 PC에서 다운로드 받은 파일을 확인할 수 있습니다. 한글 파일이나 다른 오피스 파일도 네이버 MYBOX 앱을 통해 확인과 편집이 가능합니다.

▶ 사진 삭제하고 복원하기

01 사진을 삭제하기 위해 오른쪽 상단의 ◎를 **터치**합니다. **삭제할 사진을 선택**하고 하단의 **[삭제]를 터치**합니다. 삭제하기 창에서 삭제된 항목은 휴지통으로 이동된다는 내용을 읽은 후 **[삭제]를 터치**합니다.

02 하단에 삭제 알림 메시지의 **[휴지통 확인]**을 **터치**합니다. 휴지통으로 이동하면 삭제한 사진을 확인할 수 있습니다.

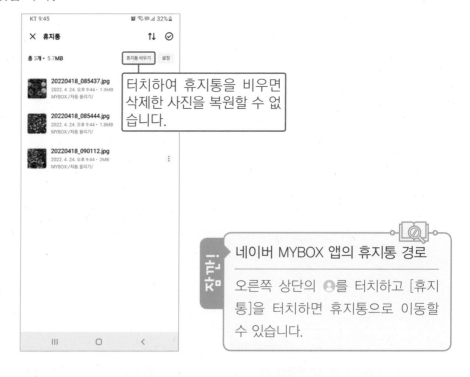

터치하여 휴지통을 비우면 삭제한 사진을 복원할 수 없습니다.

네이버 MYBOX 앱의 휴지통 경로

오른쪽 상단의 👤를 터치하고 [휴지통]을 터치하면 휴지통으로 이동할 수 있습니다.

03 휴지통에서 삭제한 사진을 복원하려면 오른쪽 상단의 ⊘를 **터치**한 후 **복원할 사진을 선택**합니다. 하단의 **[복원]**을 **터치**하고 상단의 ☒를 **터치**하여 휴지통을 닫으면 삭제한 사진이 복원된 것을 확인할 수 있습니다.

01 네이버 MYBOX 앱에서는 사진을 날짜별 슬라이드쇼로 감상할 수 있습니다. 감상하려는 사진의 날짜 옆에 있는 ▶를 **터치**합니다. 자동으로 배경음악이 흐르고, 슬라이드쇼가 진행됩니다. 배경음악과 슬라이드쇼의 속도를 변경할 수 있습니다.

02 나의 사진을 다른 사람에게 공유하기 위해 오른쪽 상단의 ⊘를 **터치**한 후 **공유할 사진을 모두 선택**합니다. 하단에 [공유]를 **터치**하면 공유할 수 있는 다양한 앱이 나타납니다. 앨범 형태로 공유하기 위해서 **[URL 공유]**를 **선택**합니다.

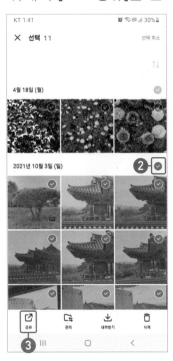

03 공유 앨범의 URL 주소가 생성되었습니다. **[메일]을 선택**한 후 **받는사람의 메일 주소를 입력하여 전송**합니다.

04 공유 앨범의 URL 주소를 받은 사람은 **URL 주소를 터치**하여 공유 앨범을 볼 수 있습니다. 공유 앨범의 ▶를 **터치**합니다.

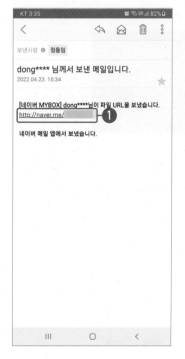

05 공유받은 사람의 스마트폰에 네이버 MYBOX 앱이 없어도 공유 앨범을 슬라이드로 감상할 수 있습니다. 공유 앨범의 URL 주소를 메일로 공유했기 때문에 인터넷에서도 URL 주소를 클릭하여 공유 앨범을 감상할 수 있습니다.

공유

공유한 앨범을 확인하려면 하단의 [공유]를 터치합니다. 공유 화면에서 [공유받은] 탭을 터치하면 다른 사람에게 공유받은 앨범을 볼 수 있고, [공유한] 탭을 터치하면 내가 공유한 앨범을 볼 수 있습니다.

1 여러 장의 사진을 찍은 후 네이버 MYBOX(◉) 앱에 선택 후 자동 올리기로 4장만 올려 봅니다.(단, '올리지 않은 파일은 기기 갤러리에서도 삭제하기'에 체크합니다.)

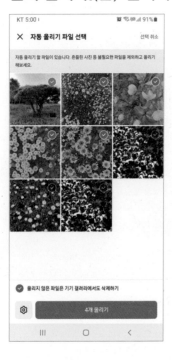 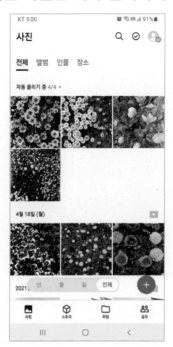

2 '문제 1'에서 자동 올리기 한 사진을 공유 앨범으로 만들어서 카카오톡(●) 앱으로 친구들에게 공유해 봅니다.

 # 스마트폰 비서를 설정하자

학습 포인트
- 인공지능 스피커
- 구글 어시스턴트
- 사용자 음성 인식시키기
- 인공지능 스피커원리 이해하기
- 다양한 명령 실행해 보기

요즘엔 일상생활에서 쉽게 인공지능(AI) 프로그램 서비스를 만나볼 수 있습니다. 집집마다 설치되어있는 인터넷 통신사별 인공지능 스피커를 통해 음성으로 TV를 켰다 끌 수 있고, 돌봄 서비스와 긴급 SOS 요청까지 다양한 음성 인식 서비스를 이용할 수 있습니다. 안드로이드폰에는 '구글 어시스턴트'라는 인공지능 서비스가 있습니다. 구글 어시스턴트를 사용하여 음성으로 문자를 보내거나, 알람을 설정할 수 있습니다.

Step 01 인공지능(Artificial Intelligence)

인공지능은 컴퓨터 프로그램을 이용해 인간처럼 학습하고, 판단하여 스스로 행동할 수 있도록 하는 기술을 말합니다. 영어로 'Artificial Intelligence'를 줄여서 흔히 'AI'라고 부릅니다. 현재는 저장된 정보를 바탕으로 정해진 상황에서 작업을 수행하고, 인간과 서로 간단한 대화를 하는 수준이지만, 앞으로는 문제 상황에서 스스로 판단하여 문제를 해결하는 수준까지 발전할 것입니다.

요즘에는 생활 속에서 인공지능을 쉽게 접할 수 있습니다. 식당에서 서빙을 하는 로봇, 레시피를 알려주는 냉장고, 혼자 있을 때 말동무가 되어 주는 스피커, 안드로이드폰의 구글 어시스턴트 등이 생활 속에서 쉽게 접할 수 있는 인공지능입니다.

사물인터넷(Internet of Things)

사물인터넷이란 세상의 모든 사물이 네트워크로 연결되어 서로 정보를 주고받아 새로운 서비스를 제공하는 것입니다. 영어로 'Internet of Things'를 줄여서 흔히 'IOT'라고 합니다. 사물인터넷은 4차 산업혁명을 선도하는 핵심기술입니다. 이전에는 컴퓨터나 스마트폰에만 인터넷이 연결되어 있었습니다. 하지만 앞으로는 모든 사물에 인터넷이 연결되어서 이를 통해 빅데이터를 얻고, 이것을 클라우드에 저장해 인공지능으로 분석하고 활용하게 될 것입니다. 사물인터넷은 스마트 스피커, 스마트 자동차, 스마트 홈, 스마트 아파트 등 현재 우리 주변에서 다양하게 활용되고 있습니다.

① 인공지능 스피커

이전에는 음악 감상이나 라디오를 청취하기 위해 사용되던 스피커가 이제는 음향 기기를 넘어 스마트 도구로 발전하고 있습니다. 스마트폰의 음성 인식 기술과 인공지능 기술이 만나 단순 소리를 전달하는 도구에서 말로 제어하고 명령을 실행하는 인공지능 스피커로 발전하고 있습니다. 인공지능 스피커를 사용하면 사용자의 목소리만으로 집안의 기기를 편리하게 제어할 수 있습니다.

'구글 홈'은 2016년 구글에서 개발되었으며 구글 어시스턴트를 기반으로 한 인공지능 스피커입니다. 스마트폰뿐만 아니라 집안 전체의 스마트 기기를 제어할 수 있습니다.

▲ 구글 홈(Google Home)

② 구글 어시스턴트

구글 어시스턴트는 사용자의 음성을 인식해 질문을 파악한 후 문자 전송, 알람 설정, 음악 재생 등을 수행하는 스마트폰 인공지능 비서 서비스입니다. 구글 어시스턴트는 사용자 음성을 녹음하여 생성된 음성 모델을 내 스마트폰에 저장합니다. 저장된 음성 모델은 사용자와 다른 사람을 구분하고 사용자의 목소리에만 반응합니다. 구글 어시스턴트를 사용하면 손을 대지 않고, 각종 명령을 실행할 수 있습니다.

▲ 구글 어시스턴트

Step 01 　구글 어시스턴트 설정하기

01 　[홈] 버튼을 길게 터치하면 구글 어시스턴트가 추천 명령어와 함께 나타납니다.

02 　다시 한 번 [홈] 버튼을 길게 터치하여 구글 어시스턴트를 실행합니다. '더 많은 어시스턴트 기능을 이용해 보세요.'의 [시작하기]를 터치합니다.

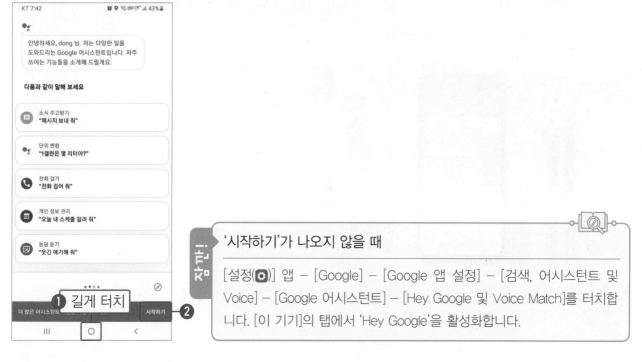

> **참고**
>
> **'시작하기'가 나오지 않을 때**
>
> [설정(⚙)] 앱 – [Google] – [Google 앱 설정] – [검색, 어시스턴트 및 Voice] – [Google 어시스턴트] – [Hey Google 및 Voice Match]를 터치합니다. [이 기기]의 탭에서 'Hey Google'을 활성화합니다.

03 [계속] 버튼을 터치한 후 Voice Match로 화면이 꺼져 있어도 어시스턴트에 액세스할 수 있다는 설명을 확인하고 [다음] 버튼을 터치합니다.

04 Voice Match 사용에 동의 창에서 [동의] 버튼을 터치하여 구글 어시스턴트가 내 음성을 인식하도록 합니다. "Hey Google" 또는 "오케이 구글"을 말합니다.

05 구글 어시스턴트가 사용자의 목소리를 인식할 수 있도록 같은 방법으로 **"Hey Google"** 또는 **"오케이 구글"**을 **3번** 반복하고 음성 인식이 완료되면 **[다음]** 버튼을 **터치**합니다.

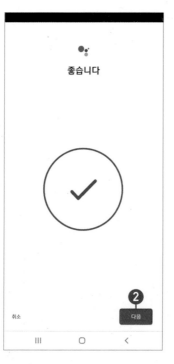

호출 명령어

사용자가 녹음한 "Hey Google" 또는 "오케이 구글"은 구글 어시스턴트를 언제 어디서나 호출할 수 있는 호출 명령어입니다. 구글 어시스턴트는 사용자의 음성으로 고유한 음성 모델을 생성합니다. 생성된 음성 모델은 사용자 기기에 저장되어 다른 사람의 음성과 사용자의 음성을 구분합니다. 구글 어시스턴트는 대부분 사용자의 음성에 반응하지만, 사용자의 음성과 비슷한 음성일 경우 동일한 호출 명령어로 인식하여 반응할 때도 있습니다. 따라서 사용자 음성에만 반응할 수 있게 명령을 자주 하여 학습시켜야 합니다.

06 잠금 화면에서 개인정보 검색결과를 표시할지 선택한 후 **[다음]** 버튼을 **터치**합니다. 화면 컨텍스트 사용과 최신 도움말을 이메일로 받을지 설정한 후 **[다음]** 버튼을 **터치**하여 구글 어시스턴트 설정을 마무리합니다.

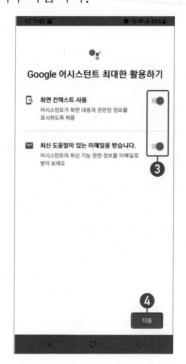

▶ 알람 설정

01 잠금 화면에서 "**Hey Google**" 또는 "**오케이 구글**"과 함께 "**2시간 후 알람**"이라고 말합니다. 잠금 화면에서도 구글 어시스턴트를 실행하여 2시간 후 알람을 설정할 수 있습니다.

▶ 문자 보내기

01 "**Hey Google**" 또는 "**오케이 구글**"과 함께 "**00에게 문자 보내**"라고 말하면 메시지 앱이 실행됩니다. 보낼 내용을 입력하기 위해 자동으로 마이크가 활성화되고 내용을 말하면 메시지 창에 자동으로 입력됩니다.

02 메시지 창에 내용이 입력되었으면 전송할지, 수정할지 물어봅니다. 마이크가 활성화되면 **"전송"**이라고 말하여 문자를 보냅니다.

▶ **자료 검색하기**

01 **"Hey Google"** 또는 **"오케이 구글"**과 함께 **검색할 자료**를 말합니다. 구글 어시스턴트가 자료를 검색한 후 검색 결과에 대해서 말해 줍니다.

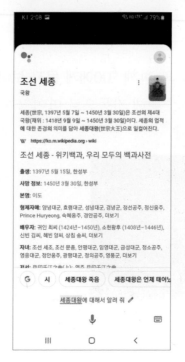

▶ 통역 모드

01 "Hey Google" 또는 **"오케이 구글"**과 함께 **"통역 모드"**라고 말하면 구글 어시스턴트가 "네, 어떤 언어를 도와드릴까요?"라고 답변합니다. 원하는 언어를 직접 입력하거나 음성으로 말합니다.

통역 모드를 실행할 때 주의할 점

"Hey Google" 또는 "오케이 구글"과 함께 "영어로 번역해 줘."라고 말하면 '해 줘'를 영어로 번역하기 때문에 번역을 원할 때는 "통역 모드"라고 말하는 것이 좋습니다.

02 통역 모드가 실행되면 마이크가 활성화됩니다. 영어로 말을 하면 구글 어시스턴트가 한글로 번역해 줍니다.

 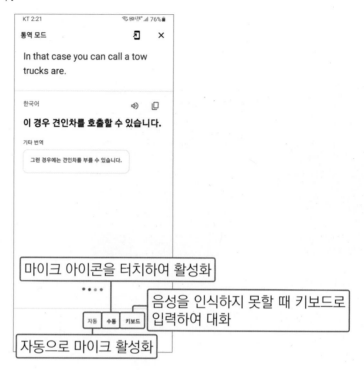

마이크 아이콘을 터치하여 활성화

음성을 인식하지 못할 때 키보드로 입력하여 대화

자동으로 마이크 활성화

03 다시 마이크가 활성화되어 한국어로 말을 하면 구글 어시스턴트는 자동으로 언어를 감지하여 영어로 번역해 줍니다. 이와 같이 통역 모드를 사용해 외국인과 대화할 수 있습니다.

 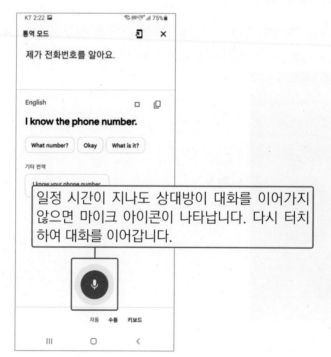

일정 시간이 지나도 상대방이 대화를 이어가지 않으면 마이크 아이콘이 나타납니다. 다시 터치하여 대화를 이어갑니다.

▶ 수수께끼

01 "Hey Google" 또는 **"오케이 구글"**과 함께 **"수수께끼 내 줘"**라고 말하면 구글 어시스턴트
가 수수께끼를 내고 답을 얘기합니다. 심심할 때 구글 어시스턴트와 간단한 대화를 즐
길 수 있습니다.

호출 명령어 + 수수께끼 내 줘

구글 어시스턴트 음성 변경하기

"Hey Google" 또는 "오케이 구글"과 함께 "어시스턴트 설정 열어 줘"라고 말하면 바로 어시스턴트 설정
화면으로 이동됩니다. 스크롤을 아래로 내려서 [어시스턴트 음성 및 소리]를 터치합니다. 그러면 [어시스턴
트 음성 및 음성 소리]에서 '레드', '오렌지'의 음성을 각각 들어본 후 구글 어시트턴트의 음성을 남성으로
할지 여성으로 할지 설정할 수 있습니다.

실력 다지기

1 구글 어시스턴트를 사용하여 '내일 뉴욕 날씨'를 알아봅니다.

2 구글 어시스턴트를 사용하여 다음 문장을 일본어로 번역해 봅니다.

> • 오늘 일찍 일어났습니다.

> **잠깐!**
> 구글 어시스턴트에서는 44개 국 언어를 번역할 수 있습니다. 통역 모드에서 일본어로 설정한 후 문장을 말해도 되고, "Hey Google" 또는 "오케이 구글"과 함께 "오늘 일찍 일어났습니다를 일본어로 번역"이라고 말해도 통역 모드가 실행됩니다.

04 빠른 길찾기

학습 포인트

- 네이버 지도 앱 설치
- 출발지와 도착지 설정
- 교통수단에 따른 최적 경로 선택
- 지도에서 내 위치 파악
- 지하철의 빠른 환승 및 하차 번호
- 버스 정류장 번호

네이버 지도 앱을 사용하면 목적지까지 최적의 경로로 갈 수 있고, 모르는 길을 최소도보로 찾아갈 수 있습니다. 대중교통을 이용할 때도 네이버 지도 앱을 사용하면 지하철에서 빠른 환승 및 하차할 수 있는 위치를 알 수 있고, 버스 정류장에 곧 도착하는 버스 정보도 알 수 있습니다. 자동차로 이동할 때 네이버 지도 앱을 통해 실시간 교통상황을 적용한 길을 안내받을 수 있습니다. 네이버 지도 앱으로 여러 교통수단을 이용해 빠르게 길을 찾는 방법을 알아보겠습니다.

●●●●
Step 01 | 네이버 지도 앱이란?

네이버 지도 앱을 사용하면 모르는 길을 찾아갈 때 최적의 경로를 추천해 주기 때문에 초행길도 쉽게 찾아갈 수 있습니다. 또한 앱을 설치할 때 위치 정보에 접근을 허용해 두기 때문에 실시간 교통정보를 반영하여 목적지까지 어떤 교통수단을 이용하는 것이 좋을지 추천해 줍니다. 네이버 지도 앱에서는 거리뷰, 실내지도, 교통정보, 대중교통, CCTV 등 다양한 옵션을 사용자의 필요에 따라 선택하여 편리하게 이용할 수 있습니다.

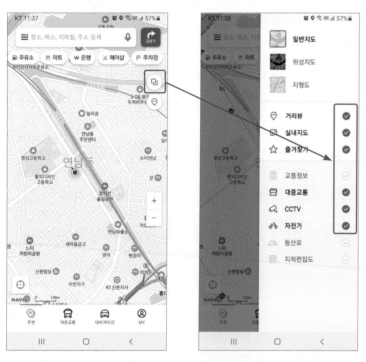

가령 지도에 표시된 CCTV를 선택하여 실시간 교통상황을 라이브로 볼 수 있어 주말이나 명절 때 고속도로의 상황을 손안에서 확인할 수 있습니다. 사용자의 목적에 맞게 빠른 길을 찾거나 교통정보를 얻을 수 있습니다.

▶ 네이버 지도 앱 설치하기

01 Play 스토어(▶) 앱을 실행합니다. Google play 검색 창에 **'지도'라고 입력**합니다. 관련 앱 목록이 나타나면 그중 '네이버 지도, 내비게이션'의 **[설치] 버튼을 터치**하여 설치를 진행합니다. 설치가 완료되면 **[열기] 버튼을 터치**합니다.

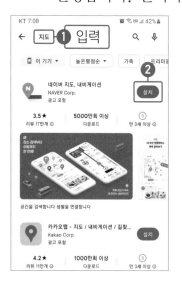

> **잠깐!** 홈 화면이나 앱스 화면에서 [네이버 지도(▣)] 앱을 터치하여 실행할 수 있습니다.

02 네이버 지도(▣) 앱이 실행되면 네이버 지도 앱에 대한 설명이 나옵니다. 화면을 **왼쪽으로 스크롤**하여 설명을 모두 읽은 후 **[시작하기] 버튼을 터치**합니다.

03 내 기기 위치에 액세스하도록 허용하겠냐는 창에 **[앱 사용 중에만 허용]**을 터치합니다. 알림 수신 동의 창에는 **[아니요]**를 터치합니다.

▶ 빠른 길찾기

01 앱 사용 중에만 내 기기 위치를 허용하였기 때문에 현재 내 위치가 지도에서 파란색 점으로 표시됩니다. **[장소, 버스, 지하철, 주소 검색]**을 **터치**한 후 찾아갈 **장소를 입력**합니다. 관련된 목록이 표시되면 **도착할 장소를 터치**합니다.

02 검색한 장소가 지도에 표시되고, 아래쪽에 검색한 장소의 주소나 관련 정보가 나타납니다. 도착지로 설정하기 위해 **[도착] 버튼을 터치**합니다. 출발지는 내 위치로 자동 설정되고 도착지까지 대중교통(🚌)으로 가는 방법이 표시됩니다. 도보 시간을 포함한 전체 시간과 교통비도 표시됩니다. **최적으로 추천된 경로를 터치**합니다.

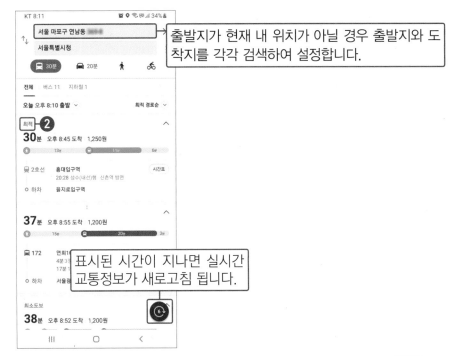

출발지가 현재 내 위치가 아닐 경우 출발지와 도착지를 각각 검색하여 설정합니다.

표시된 시간이 지나면 실시간 교통정보가 새로고침 됩니다.

 교통수단에 따른 길찾기

길찾기 화면에서 도착지까지 원하는 교통수단을 선택하면 최적의 경로를 안내받을 수 있습니다.

- 🚗 : 출발지부터 도착지까지 현재 교통상황을 적용한 추천 경로와 소요시간을 확인한 후 [안내시작] 버튼을 터치하면 내비게이션 안내를 받을 수 있습니다.
- 🚶 : 출발지부터 도착지까지 도보로 이동하였을 때 소요시간을 확인한 후 [경로 미리보기] 버튼을 터치하여 이동 경로를 미리 확인할 수 있습니다.
- 🚲 : 출발지부터 도착지까지 자전거로 이동하였을 때 소요시간을 확인한 후 [경로 미리보기] 버튼을 터치하여 이동 경로를 미리 확인할 수 있습니다.

▲ 자동차 경로　　　　▲ 도보 경로　　　　▲ 자전거 경로

03 위쪽 지도에는 출발지와 도착지가 초록색과 빨간색으로 표시되고, 대중교통의 경로는 초록색으로, 현재 내 위치는 파란색 점으로 표시됩니다. 아래쪽에 도보는 점선으로, 대중교통은 초록색 선으로 표시되고, 소요시간이나 지하철 노선, 출구 번호 등이 표시됩니다.

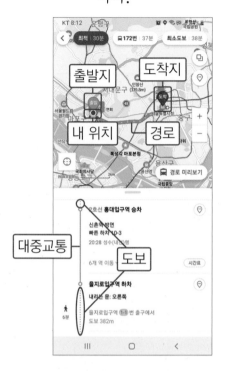

04 **도보 부분을 터치**하면 위쪽에 도보 경로가 파란색 점선으로 표시되고, 이동할 때 나의 위치인 파란색 점도 따라 움직입니다. 출발역에 표시된 홍대입구역 3번 출구로 들어가 지하철에 탑승합니다. 을지로입구역에서 하차한 후 1-1번 출구로 나가 **아래쪽의 도보 부분을 터치**합니다. 위의 지도에서 파란색 점이 경로를 벗어나지 않는지 확인하면서 목적지를 찾아갑니다.

도착역에 도착하면 나의 위치를 표시하는 파란색 점이 경로를 벗어나지 않는지 확인하며 걸어갑니다.

빠른 환승 및 하차 번호

지하철을 이용할 때 빠른 환승 및 하차를 하려면 어디에서 탑승하는지가 중요합니다. 하차할 때 출구와 가까운 지하철 칸을 이용하거나 환승하는 지하철 승강장과 가까운 곳에서 하차해야 이동 시간을 줄일 수 있습니다. 네이버 지도 앱에서 길찾기를 하면 지하철 이용 시 빠른 하차 번호를 안내해 줍니다. 지하철 승차 시 바닥에 적힌 승강장 번호와 동일한 번호를 보고 탑승하면 하차할 때 출구와 가까워서 더 빠르게 출구로 나갈 수 있습니다. 환승할 때도 안내된 번호를 확인하면 빠르게 환승할 수 있습니다.

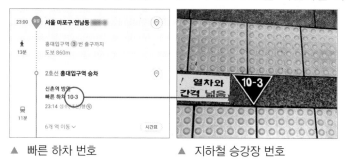

▲ 빠른 하차 번호   ▲ 지하철 승강장 번호

▶ 최소도보 길찾기

01 **최소도보를 선택**하면 대중교통을 이용할 때 최소한으로 걷는 길을 안내해 줍니다. 여기서는 도보와 버스를 타고 가는 방법을 알아보겠습니다. **도보 부분을 터치**하여 지도에서 알려주는 경로를 따라 버스 정류장에 도착하면 실시간으로 표시되는 버스 도착 정보를 확인하고 버스를 이용할 수 있습니다. 하차 정류장에서 하차합니다.

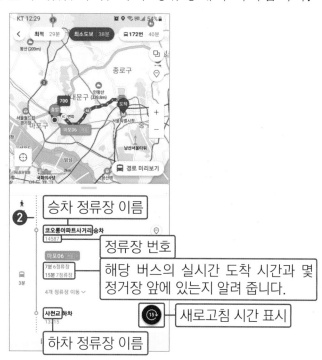

02 다시 **도보 부분을 터치**하여 환승 정류장으로 이동한 후 실시간 도착 정보에 따라 해당 버스가 도착하면 탑승합니다. 하차 정류장에서 하차 후 다시 **도보 부분을 터치**하여 이동 경로를 따라 도착지까지 이동합니다.

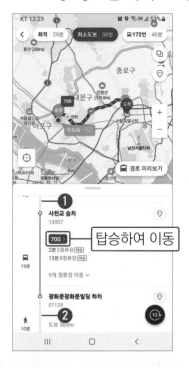

정류장 번호

네이버 지도 앱에서 길찾기를 하면 버스 이용 시 버스 정류장 번호가 표시됩니다. 버스 정류장마다 고유 번호가 있어 정류장 안내판의 번호를 보고 해당 정류장이 맞는지 확인할 수 있습니다. 네이버 지도 앱에서 정류상 번호를 검색하면 해당 정류장에 정차하는 버스와 곧 도착하는 버스 등 실시간 정보를 확인할 수 있어 편리합니다.

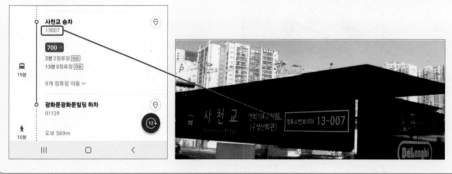

구글 지도 앱

구글 지도 앱은 안드로이드폰에 기본으로 설치되어 있습니다. 외국에서는 길을 찾을 때 유용하게 사용할 수 있지만, 우리나라에서는 구글 지도 앱 서비스가 대부분 지원되지 않습니다. 우리나라의 정밀 지도 데이터를 '구글 어스(구글 인공위성 사진 서비스)'에 제공하면 국가 안보 위협이 커질 수 있어 우리나라 지도 업데이트가 제대로 이루어지지 않고 있기 때문입니다. 구글 지도 앱 사용법은 네이버 지도 앱과 비슷해서 외국에 나가면 구글 지도 앱을 사용하는 것이 좋습니다.

① 홈 화면에서 구글 지도(●) 앱을 실행한 후 [여기서 검색]을 터치하여 찾아갈 장소를 입력합니다. [경로] 버튼을 터치하면 내 위치에서부터 도착지까지 대중 교통편이 검색됩니다.

② 구글 지도 앱에서 국외 지역을 검색해 보겠습니다. '도쿄 디즈니랜드'를 검색한 후 [경로] 버튼을 터치합니다. 출발지를 '도쿄 국제공항'으로 설정합니다. 그러면 네이버 지도 앱처럼 자동차, 대중교통, 도보, 자전거 등 다양한 교통수단의 경로와 소요시간이 표시됩니다.

▶ **자주 가는 경로 즐겨찾기에 추가하기**

01 네이버 지도 앱의 홈 화면에서 ☰를 **터치**하여 [로그인해주세요.]를 **터치**합니다.

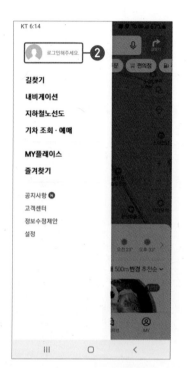

02 네이버 계정으로 **로그인**합니다. [장소, 버스, 지하철, 주소 검색]을 **터치**한 후 찾아갈 **장소를 입력**합니다. 관련된 목록이 표시되면 **도착할 장소를 터치**합니다.

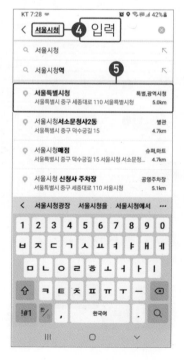

03 출발지와 도착지를 설정한 후 ⋮를 **터치**하여 **[즐겨찾기]를 터치**합니다. 즐겨찾기에 저장했다는 안내 창에 **[별명 추가]를 터치**하면 즐겨찾기 경로의 별명을 설정할 수도 있습니다.

04 네이버 지도 앱의 홈 화면에서 ☰를 **터치**하여 **[즐겨찾기]를 터치**합니다. 즐겨찾기 화면에서 **[버스/지하철]** 탭의 **[경로]를 터치**하여 저장된 경로를 확인합니다.

▶ 내비게이션으로 경로 안내받기

01 🚗를 터치하고 [안내시작] 버튼을 터치합니다. 이용 약관 동의에서 '내비게이션 이용 약관 동의'에 체크하고 [동의] 버튼을 터치합니다. 이용약관 동의에 모두 체크하고 [동의] 버튼을 터치합니다.

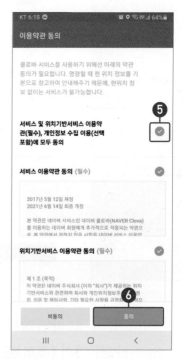

02 네이버 지도에서 오디오를 녹음하도록 허용하겠냐는 창에 [허용]을 터치하면 내비게이션 음성안내를 받으며 가장 빠른 길로 갈 수 있습니다.

> **잠깐!** 즐겨찾기에 경로를 추가해 놓으면 운전 시 내비게이션을 이용할 때 편리합니다. 실시간 교통상황을 적용한 추천 경로로 안내하기 때문에 도착지까지 빠르게 갈 수 있습니다.

지하철 노선과 버스 번호 검색

- **지하철 노선** : 네이버 지도 앱의 홈 화면에서 ☰를 터치하여 [지하철노선도]를 터치하면 전체 노선도와 원하는 지하철역을 검색할 수 있습니다. 원하는 역을 검색하면 하단에 검색한 역이 속한 노선이 나타나고 선택한 노선에 해당하는 역 정보를 통해 곧 도착할 지하철 정보까지 확인할 수 있습니다.

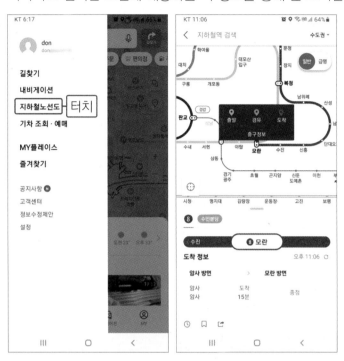

- **버스 번호** : 네이버 지도 앱의 홈 화면에서 버스 번호를 검색합니다. 전국에서 운행 중인 동일한 번호의 버스가 검색되면 그중 찾으려는 경로의 버스를 선택합니다. 위쪽 지도에 버스 경로가 파란색으로 표시되고 아래쪽에는 현재 운행 중인 버스 수를 포함한 운행정보 등을 자세히 볼 수 있습니다. [주변 정류장]을 터치하면 현재 내 위치와 가장 가까운 정류장이 검색됩니다.

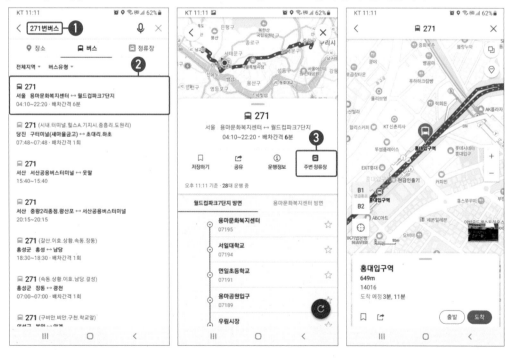

01 네이버 지도 앱의 홈 화면에서 ≡를 터치하여 [기차 조회 · 예매]를 터치합니다. 출발역과 도착역을 설정한 후 일정 · 인원 선택에서 기차를 예매할 날짜와 시간, 인원을 설정합니다. [시간표 조회] 버튼을 터치합니다.

02 설정한 날짜의 오전 10시 이후 운행 예정인 전체 기차가 검색되었습니다. 예약을 원하는 시간의 [예매] 버튼을 터치합니다. 객실/좌석 선택에서 원하는 객실 등급을 선택할 수 있습니다. 여기서는 [일반실]을 선택합니다.

03 좌석 선택 화면에서 원하는 **호차를 선택**한 후 아래쪽의 잔여 좌석 중 순방향, 역방향, 창측, 통로측을 잘 확인하여 원하는 **좌석을 선택**합니다. **[결제하기] 버튼을 터치**합니다. **예매 고객정보와 비밀번호를 차례로 입력**한 후 **필수 동의에 모두 체크**하고 **[확인] 버튼을 터치**합니다.

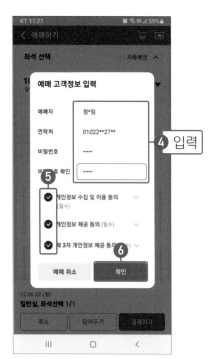

04 이용 약관 동의에서 **'모두 동의합니다'에 체크**하고 최종 결제금액을 확인한 후 **[동의 및 할인 적용 완료] 버튼을 터치**합니다. 기차 조회 및 예약이 완료되었습니다. 예약이 완료되면 위쪽에 결제 완료 시간이 안내됩니다. 네이버페이 간편결제가 등록된 경우 아래쪽의 **[네이버페이 간편결제] 버튼을 터치**하여 결제까지 완료하면 기차표를 예매한 날 기차를 바로 탑승할 수 있습니다.

네이버페이 간편결제 과정은 '10장(141p~144p)'에서 다루겠습니다.

실력 다지기

1 네이버 지도() 앱에서 출발지는 '시대고시기획 시대교육', 도착지는 '인천국제공항 제1여객터미널'로 설정하여 가장 최적의 대중교통 경로를 검색해 봅니다.(단, 출발 시간을 오후 3시 30분으로 설정하여 검색합니다.)

힌트! 출발지와 도착지를 설정하여 검색한 후 출발 시간을 설정합니다. 설정 시간의 교통상황과 지하철 시간 등을 확인할 수 있습니다.

2 네이버 지도( ) 앱에서 출발지는 '뚝섬역 2호선', 도착지는 '서울숲'으로 설정하고 자전거 경로를 검색한 후 경로 미리보기를 해 봅니다.

05 음식점을 검색하고 예약하기

학습 포인트

- 네이버 지도 앱에서 주변 음식점 찾기
- 음식점 예약하기
- 예약 공유하기
- 예약 취소하기

네이버 지도 앱을 통해 여행지 주변의 음식점을 검색하고 예약까지 할 수 있습니다. 예약할 음식점에 다녀온 사람들의 리뷰를 읽어보고 마음에 드는 곳을 예약합니다. 같이 여행하는 사람들에게 예약한 음식점을 간편하게 공유할 수 있고, 일정이 변경되면 바로 취소할 수도 있습니다. 음식점을 예약한 후 공유하고 취소하는 방법까지 알아보겠습니다.

미리보기

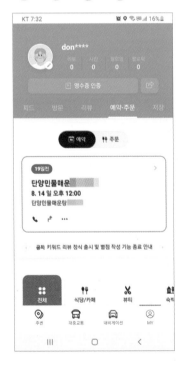

Step 01   네이버 지도 앱에서 음식점 예약하기

네이버 앱이나 네이버 지도 앱에 로그인되어 있으면 검색한 음식점을 바로 예약할 수 있습니다. 그리고 음식점을 이용한 뒤 예약자가 리뷰를 남길 수 있습니다. 예약자가 좋은 리뷰를 남기면 음식점 입장에서도 홍보 효과가 크기 때문에 요즘에는 음식점 자체 홈페이지를 통한 예약보다 네이버 예약 서비스를 이용하는 경우가 많습니다. 네이버 지도 앱의 음식점 카테고리를 통해 내 주변의 음식점을 확인할 수 있고, 네이버 예약 서비스를 통해 전화 통화를 하지 않고도 예약을 진행할 수 있습니다.

전화 없이 레스토랑 예약이 가능한 캐치테이블

네이버(N) 앱에서 '캐치테이블'을 검색하여 접속하거나 캐치테이블(C) 앱을 설치한 후에 이용할 수 있습니다. 캐치테이블 앱에서도 네이버 지도 앱과 비슷한 방법으로 음식점을 검색할 수 있습니다. [내주변]을 터치하여 내 주변 음식점을 찾아서 예약하거나 위쪽에서 사용자에게 맞는 카테고리를 선택하여 음식점을 찾을 수도 있습니다.

만약 내 주변의 음식점을 검색하였다면 주변의 음식점이 목록으로 나타나고, 간단한 음식점 소개와 메뉴를 확인할 수 있습니다. 원하는 음식점을 선택한 후 음식점의 정보, 메뉴, 리뷰 등을 살펴봅니다. [예약하기] 버튼을 터치하면 회원가입 후 날짜, 예약인원 등을 설정하여 예약을 진행할 수 있습니다. 회원가입한 후에는 원하는 음식점을 찾아 바로 예약할 수 있어 편리합니다.

Step 01   여행할 지역의 음식점 찾기

01 네이버 지도(🗺️) 앱을 실행하고 [장소, 버스, 지하철, 주소 검색]을 터치한 후 **여행지를 입력**합니다. 여행지에서 가고자 하는 **목적지를 선택**합니다.

02 선택한 장소가 지도에 나타나면 아래쪽의 **검색된 장소를 터치**한 후 **[주변] 탭을 터치**합니다.

03 [맛집] 탭을 터치하면 주변 음식점 목록이 나타납니다. 그중에서 네이버 예약이 가능한 음식점만 검색하기 위해 [예약] 버튼을 터치합니다. 예약 가능한 음식점 목록에서 **가고 싶은 곳을 선택**합니다.

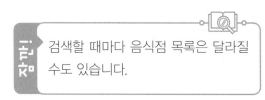

검색할 때마다 음식점 목록은 달라질 수도 있습니다.

04 위쪽 지도에는 음식점 위치가 나타나고, 아래쪽에서 음식점 정보를 볼 수 있습니다. **화면을 아래쪽에서 위쪽으로 스크롤**하여 음식점 정보를 자세히 봅니다. 메뉴, 리뷰, 사진, 지도 등을 확인할 수 있습니다.

스크롤

▶ **예약하고 예약 공유하기**

01 방문자들의 리뷰와 평점 등을 보기 위해 **[리뷰] 탭을 터치**합니다. 평점과 사진리뷰 등 음식점의 리뷰를 읽어본 후 마음에 들면 **[예약] 탭을 터치**합니다. 해당 음식점의 **[예약] 버튼을 터치**합니다.

02 예약 날짜, 시간, 인원을 설정한 후 **[예약 신청하기] 버튼을 터치**합니다. 예약 신청되었다 는 안내 창을 확인 후 ×를 **터치**합니다.

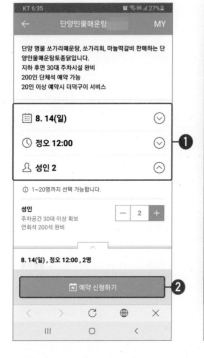

03 안내 창을 닫으면 예약 확인 페이지로 이동합니다. 예약 확정 알림이 오면 **알림 창을 아래로 스크롤**한 후 **예약 확정 알림**을 터치합니다.

네이버 앱에서 예약 확인하기

네이버(N) 앱을 실행한 후 홈 화면의 오른쪽 상단의 [Na]를 터치합니다. 여기에는 미리주문, QR주문·결제, 영수증 리뷰 등 편리한 기능들이 많습니다. 이 중 [최근 예약]을 터치하면 네이버 지도 앱에서 진행한 예약 사항을 자세히 확인할 수 있습니다. 네이버 지도 앱과 마찬가지로 예약 장소, 날짜, 시간, 위치까지 알 수 있습니다.

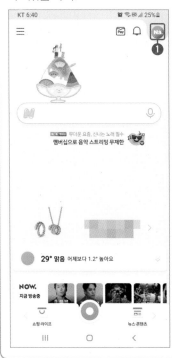

04 예약 확정 메시지를 확인한 후 음식점을 같이 방문할 사람에게 공유하기 위해 **[공유하기] 버튼을 터치**합니다. 공유하기 창에서 공유가 가능한 앱 중 **[카카오톡(●)] 앱을 터치**합니다.

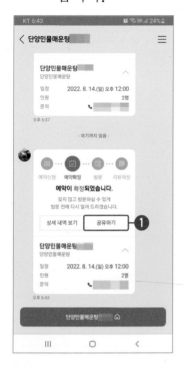 

공유하기 창에서 내 스마트폰에 설치된 공유 앱 중 하나를 선택하거나 [URL 복사]를 터치하여 메일이나 메신저로 복사한 링크를 전달하여 공유할 수도 있습니다.

05 공유 대상 선택에서 **공유할 사람을 선택**한 후 **[확인]을 터치**합니다. 상대방에게 네이버 예약 사항이 공유되어 상대방도 예약 사항을 확인할 수 있습니다.

현재 위치의 주변 음식점 예약하기

① 여행지를 가기 전에 음식점을 검색하여 예약을 진행할 수도 있지만, 현재 위치의 주변 음식점을 검색하고 싶을 때도 있습니다. 네이버 지도 앱의 홈 화면에서 [음식점] 탭을 터치합니다. 위쪽 지도에 주변 음식점들이 나타납니다. 중간 부분에서 [예약혜택] 버튼을 터치합니다.

② 예약이 가능한 음식점 목록이 나타나면 한 곳을 선택합니다. 예약할 음식점의 메뉴와 리뷰 등을 자세히 살펴본 후 마음에 들면 예약을 진행합니다.

▶ 예약 취소하기

01 네이버 지도 앱에서 홈 화면의 하단 메뉴 중 **[MY]를 터치**하면 사용자의 피드, 방문, 리뷰, 예약·주문 등을 확인할 수 있습니다. 예약을 취소하기 위해 **[예약·주문] 탭을 터치**합니다. 예약해 두었던 **[음식점]을 터치**한 후 **[예약취소] 버튼을 터치**합니다.

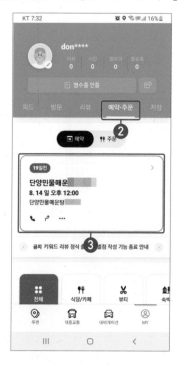

02 예약한 음식점을 취소하겠냐는 창에 **취소 사유를 입력**한 후 **[예]를 터치**합니다. 스마트폰 알림 창에 예약 취소 알림이 나타나면 **예약 취소 알림을 터치**하여 확인합니다.

> 만약 개인 사정이 생겨 예약한 음식점에 가지 못하게 될 경우 예약을 취소하지 않으면 음식점에 상당한 피해가 생길 수 있으므로 전화나 네이버 앱으로 예약을 취소합니다.

가볼 만한 곳 예약 문의 후 예약하기

① 음식점뿐만 아니라 주변의 카페·디저트, 가볼 만한 곳, 술집·바, 강좌·문화 등도 같은 방법으로 예약할 수 있습니다. [가볼 만한 곳] 탭을 터치한 후 예약 가능한 곳을 찾기 위해 [예약] 버튼을 터치합니다. 가고 싶은 곳을 터치합니다. 예약할 장소에 관한 정보를 확인한 후 더 자세히 문의하기 위해 [문의] 버튼을 터치합니다.

② 예약 문의 창으로 이동하면 아래쪽의 입력 창을 통해 예약할 곳과 상담할 수 있습니다. 위쪽에 상대방의 응답률을 확인하고 믿을 만한 곳인지 판단한 후 메시지를 주고받습니다. 문의 사항에 만족하였으면 예약 문의 창은 닫고 [예약] 탭을 터치합니다. 음식점 예약과 동일한 방법으로 예약을 진행합니다.

1 네이버 지도( ) 앱을 사용해 현재 위치의 주변 음식점 중 포장 주문이 가능한 가까운 음식점 목록을 찾아보고 마음에 드는 곳을 예약해 봅니다.

2 네이버 지도( ) 앱을 사용하여 '부산 태종대' 주변의 카페를 찾아본 후 바로 주문까지 가능한 카페를 찾아봅니다.

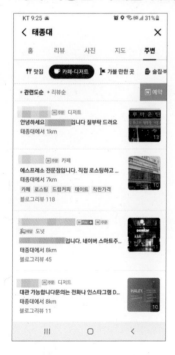

> **힌트**
> 네이버 지도 앱에서 '태종대'를 검색하면 여러 지역이 검색됩니다. 그중 '부산 태종대'를 선택하고 [주변] 탭에서 [카페·디저트] 탭을 선택합니다. [예약] 버튼을 터치하면 카페에서 주문까지 가능한 곳만 검색됩니다.

3 네이버 지도(🔵) 앱을 사용하여 '경포해변'을 검색하고 윈드서핑이 가능한 곳을 찾아 예약해 봅니다.

4 네이버 지도(🔵) 앱을 사용하여 현재 주변 헤어샵 중 실시간 예약이 가능한 헤어샵만 검색한 후 그중 한 곳을 선택하여 예약해 봅니다.

> **힌트** 음식점을 예약하는 방법과 동일합니다.

06 내 소식을 SNS로 알리기

- SNS 이해하기
- 인스타그램 앱 설치하기
- 인스타그램 가입하기
- 인스타그램에 게시물 올리기
- 내 스토리에 게시물 올리고 공유하기

인스타그램은 사진이나 동영상을 찍어서 게시물로 올리고 친구들과 공유할 수 있는 앱입니다. 요즘에는 채팅 앱보다 인스타그램 앱을 통해 친구들에게 소식을 전하는 경우가 많습니다. 내 관심사와 관련된 정보나 이슈도 인스타그램 앱에서 쉽게 접할 수 있습니다. 인스타그램 앱을 설치하는 과정부터 인스타그램에 가입하고 게시물을 올려 친구들에게 공유하는 방법까지 알아보겠습니다.

미 리 보 기

SNS(Social Networking Service)란?

온라인상에서 이용자들이 새로운 친구를 사귀거나 기존의 친구와 소통할 수 있도록 해주는 서비스입니다. 친구 또는 가족과 멀리 떨어져 있거나 직접 만나지 못하더라도 SNS를 통해 서로의 소식, 정보 등을 주고받을 수 있습니다. 친구, 동료 등 아는 사람과의 관계를 유지하고, 새로운 관계를 쌓으며 폭넓은 인간관계를 형성할 수 있도록 도와줍니다.

스마트폰이 보급되면서 SNS를 사용하는 사람들이 점차 늘어나게 되었습니다. SNS를 통해 사회적 이슈를 언론보다 더 빠르게 접할 수 있고, 언제 어디서나 제약 없이 불특정 다수에게 하고 싶은 말을 전달할 수 있어 사회적 이슈에 대해 자신의 생각을 표현하기 위한 수단으로 사용하기도 합니다.

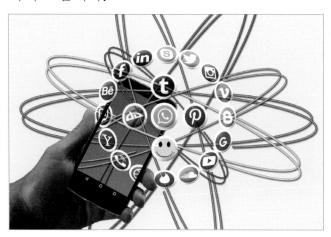

SNS 종류

• 카카오톡

해외 이용자는 적은 편이나 국내에서는 거의 전 국민이 사용하는 모바일 메신저입니다.

• 트위터

트위터는 단문의 글과 사진을 게시할 수 있고 다른 사람이 내가 쓴 게시글을 구독할 수 있습니다. 트위터는 전 세계적으로 이용하고 있고, 리트윗 기능으로 게시한 글을 많은 사람과 공유할 수 있어 홍보가 필요한 기업부터 개인들이 활용하고 있습니다.

> • **트윗**: 트위터에 게시한 메시지입니다.
> • **리트윗**: 다른 사람의 글(트윗)을 자신의 계정에 다시 올리는 것으로 특정 메시지가 리트윗을 통해 온라인상에서 빠른 속도로 퍼져나갈 수 있습니다.

- 인스타그램

최근 마케팅 분야에서 적극적으로 이용되고 있는 SNS 앱으로 사진 및 동영상을 공유할 수 있어 MZ세대가 가장 많이 사용하는 앱입니다. 주변 지인 혹은 유명인들의 계정을 팔로우하여 업로드 된 게시물을 볼 수 있습니다.

- 페이스북

최근 성장세는 주춤하고 있지만 아직도 전 세계에서 수많은 사람이 이용하고 있는 SNS 앱입니다. 인스타그램과 마찬가지로 사진 및 동영상을 자신의 페이지에 업로드할 수 있고, 모르는 사람과 쉽게 친구가 될 수 있습니다.

- 유튜브

동영상을 기반으로 한 플랫폼입니다. 현재 'Shorts'라는 짧은 동영상을 업로드할 수 있는 기능을 만들어 최근 트렌드에 맞게 서비스하고 있습니다. 유튜브에서 구독자가 많은 사람은 동영상을 업로드하여 수익을 창출하기도 합니다.

- 틱톡

전 세계적으로 큰 인기를 얻고 있는 플랫폼입니다. 15초 분량의 짧은 동영상을 찍어 공유하는 앱으로 특히 10~20대들을 중심으로 인기를 얻고 있습니다.

Step 02 인스타그램 메뉴

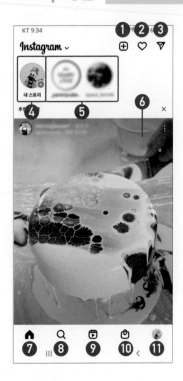

1 게시물, 스토리, 릴스, 라이브 등 올리기
2 활동 사항 (팔로우한 사람, 게시물에 좋아요 눌러준 사람 등)
3 메시지 보내기
4 내 스토리 추가
5 팔로우하는 사람의 스토리
6 게시물
7 홈
8 사람 및 게시물 검색
9 릴스(짧은 동영상)
10 상점
11 내 정보

Step 01   인스타그램 설치하고 회원가입하기

01 Play 스토어(▶) 앱을 실행합니다. Google play 검색 창에 **'인스타'를 입력**합니다. 검색된 목록 중 인스타그램(Instagram) 앱의 **[설치] 버튼을 터치**하여 설치를 진행합니다. 설치가 완료되면 **[열기] 버튼을 터치**합니다.

02 인스타그램(◉) 앱이 실행되면 하단의 **[가입하기]를 터치**합니다.

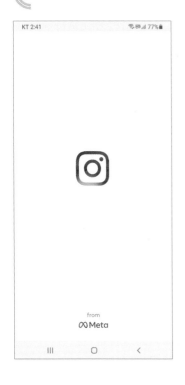

> **잠깐** 페이스북(Facebook)에 가입되어 있는 경우 페이스북 계정으로 로그인하면 페이스북 친구들을 인스타그램에서도 팔로우할 수 있게 추천해 줍니다.

03 전화번호 또는 이메일로 가입할 수 있습니다. **전화번호를 입력**하고 **[다음] 버튼을 터치**하면 입력한 전화번호로 인증번호가 전송되고 자동으로 입력됩니다. **[다음] 버튼을 터치**합니다.

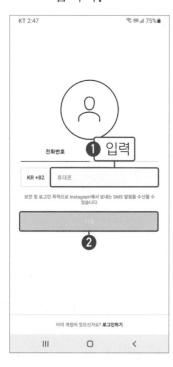
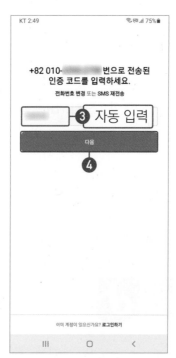

04 **이름 및 비밀번호를 입력**하고 **'비밀번호 저장'에 체크**합니다. 연락처를 동기화하려면 **[계속 진행하여 연락처 동기화하기] 버튼을 터치**하고, 연락처를 동기화하지 않으려면 **[연락처를 동기화하지 않고 계속하기] 버튼을 터치**합니다. 공개 프로필에 포함되지 않으므로 아래쪽에서 **생일을 설정**한 후 **[다음] 버튼을 터치**합니다.

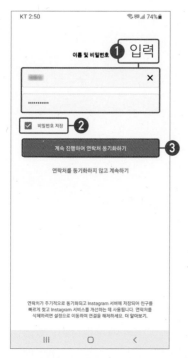
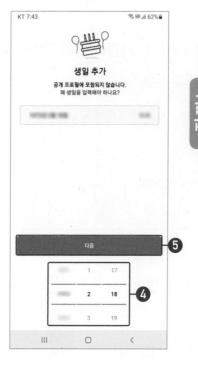

잠깐만

인스타그램에 생일을 입력하는 이유

인스타그램은 미성년자를 대상으로 콘텐츠 및 사용에 대해 제한을 두고 있습니다. 따라서 실수로 생일을 잘못 입력하게 되면 나중에 계정이 비활성화되어 인스타그램을 사용하지 못할 수 있습니다. 내 계정이 비활성되었을 때는 신분증, 공문서 등으로 다시 나이를 인증받아서 생일 재고 요청을 해야 하므로 생일을 제대로 입력하는 것이 좋습니다.

05 약관 동의에서 **'모두 동의'에 체크**하고 **[다음] 버튼을 터치**합니다. 사용자 이름으로 가입하겠냐는 창이 나오면 확인 후 **[가입하기] 버튼을 터치**합니다.

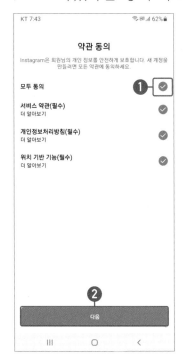

사용자 이름은 나중에 변경할 수 있습니다. 사용자 이름과 게시물을 통해 자신을 나타낼 수 있으므로 사용 목적에 따라 인스타그램에서 쉽게 검색할 수 있는 이름으로 설정하는 것이 좋습니다.

06 프로필 사진 추가에서 **[사진 추가] 버튼을 터치**합니다. 프로필 사진 변경 창에서 **[라이브러리에서 선택]을 터치**하여 사진을 불러옵니다.

07 기기의 사진, 미디어, 파일에 액세스하도록 허용하겠냐는 창에 **[허용]을 터치**합니다.
프로필에 들어갈 사진을 선택하여 원 크기에 맞춘 후 **오른쪽 상단의 →를 터치**합니다.

2 사진 선택 후 원 크기에 맞추기

08 프로필 사진이 추가되었다는 화면에서 **[다음] 버튼을 터치**합니다. 연락처를 동기화했다면 본인의 연락처 중 인스타그램을 사용하는 사람들의 목록이 나타나 **아는 사람을 팔로우**할 수 있습니다. 인스타그램의 홈 화면이 나타납니다. 내가 올린 게시물뿐만 아니라 팔로우한 사람이 업로드한 게시물과 추천 게시물들을 볼 수 있습니다.

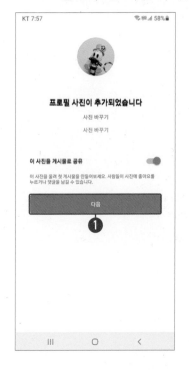
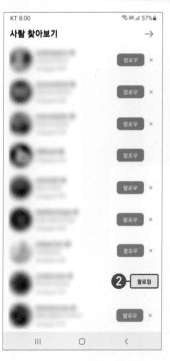

프로필 편집과 친한 친구 등록

- 홈 화면 아래쪽의 🖼️를 터치한 후 [프로필 편집] 버튼을 터치합니다. 여기서 프로필 사진, 사용자 이름 등을 변경할 수 있습니다. 소개란에 본인에 대한 소개글을 입력하면 다른 사람들이 보고 비슷한 분야에 관심이 있다고 생각하는 사람들이 팔로우하게 됩니다. 완료하려면 ✓를 터치합니다.

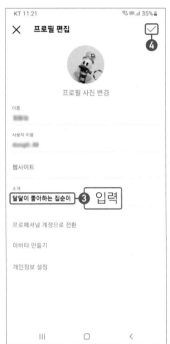

- 내 정보 화면에서 ☰를 터치하면 설정, 보관, 내 활동 등을 확인하고 설정을 변경할 수 있습니다. 여기서 [친한 친구]를 터치하여 친구의 이름이나 인스타그램 사용자 이름으로 검색하여 친구를 찾아본 후 체크하고 [완료] 버튼을 터치합니다. 친한 친구를 등록해 두면 게시물 등을 공유할 때 친한 친구에게 만 보이게 공유할 수 있습니다.

▶ 새 게시물 올리기

01 홈 화면에서 ⊞를 **터치**하면 새 게시물 화면이 나타납니다. 먼저 선택할 사진이 위치한 **폴더를 선택**한 후 여러 사진을 선택하기 위해 [여러 항목 선택] 버튼을 터치합니다. 게시 **할 사진을 선택**하면 위쪽에 선택된 사진이 나타납니다.

터치하면 카메라를 사용하여 셀카나 사진을 찍어서 올릴 수 있습니다.

인스타그램의 게시물 종류

새 게시물을 올릴 때 하단에서 게시물 종류를 선택한 후 게시물을 올릴 수 있습니다.

- **게시물** : 홈 화면에 정사각형의 피드로 글과 함께 게시할 수 있습니다.
- **스토리** : 24시간 후 지워지는 게시물로 위치, 시간, 투표 등 여러 기능을 사용할 수 있습니다.
- **릴스** : 15~30초의 짧은 영상을 촬영하고 편집하여 올리는 게시물입니다.
- **라이브** : 라이브로 나의 카메라 화면을 공유하며 채팅을 통해 실시간으로 여러 사람과 대화를 할 수 있습니다.

02 여러 사진을 선택한 후 **오른쪽 상단의 →를 터치**합니다. 선택한 각각의 사진에 아래쪽의 **필터를 적용**할 수 있습니다. 필터 설정을 하였으면 **오른쪽 상단의 →를 터치**합니다.

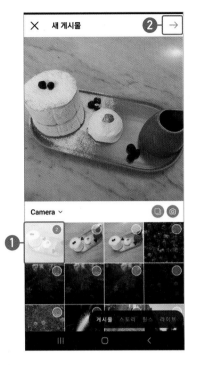

사진에서 원하는 부분이 나오도록 드래그하여 확대

사진을 게시할 때 한 장의 사진만 선택하면 훨씬 다양한 방법으로 사진을 보정하여 게시물을 올릴 수 있습니다.

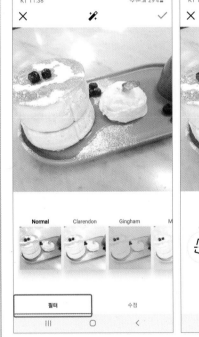

Lux(조명도) 조정

03 사진과 함께 올릴 **문구를 입력**하고 게시물과 관련된 태그도 **'#(해시태그)'와 함께 입력**합니다. 위치 추가에서 **추천 위치를 선택**합니다. 게시물 업로드를 완료하기 위해 오른쪽 상단의 ✓를 **터치**합니다. 홈 화면에서 업로드한 게시물을 볼 수 있습니다.

> 잠깐 '사람 태그하기'는 사진에 나오는 사람의 이름을 태그하거나 인스타그램 계정을 태그하는 기능입니다.

▶ **팔로우한 친구 게시물에 '좋아요'와 댓글 남기기**

01 팔로우한 친구의 게시물이 업로드되면 내 계정의 홈 화면에서 확인할 수 있습니다. **게시물의 사진을 두 번 터치**하면 게시물에 대한 '좋아요'를 표시할 수 있고 아래쪽 하트(♥)가 빨간색으로 변경됩니다.

02 게시물에 댓글을 입력하려면 ◯를 **터치**하고 **댓글을 입력**한 후 **[게시]**를 터치합니다.

다른 사람에게 받은 '좋아요'와 댓글 확인하기

다른 사람에게 '좋아요'나 댓글을 받으면 오른쪽 상단 하트에 빨간색 점이 표시됩니다. ♡를 터치하여 누가 '좋아요'를 누르고 댓글을 달았는지 확인할 수 있습니다.

01 게시물 아래 ▽를 터치한 후 [스토리에 게시물 추가]를 선택합니다. [친한 친구] 버튼을 터
치하여 친한 친구들에게만 스토리를 공유합니다.

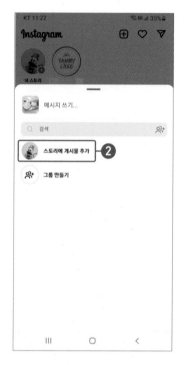

02 잠시 시간이 지나면 스토리가 게시됩니다. 게시된 스토리 게시물은 내 스토리에 24시
간 동안 게시된 후에 사라집니다.

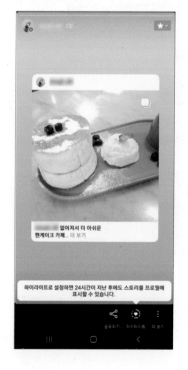

03 내 스토리를 보기 위해서 상단 왼쪽의 **[내 스토리]를 터치**합니다. 내 스토리에 올린 게시물을 볼 수 있습니다.

04 아래 메뉴의 **[공유하기]를 터치**하면 본인의 스마트폰에 설치된 공유가 가능한 앱들이 나타납니다. **공유할 앱을 선택**한 후 원하는 친구에게 내 스토리를 공유할 수 있습니다.

1 인스타그램(📷) 앱에서 다른 사람들의 게시물 중 마음에 드는 게시물에 '좋아요'를 눌러 봅니다.

2 인스타그램(📷) 앱에서 새 게시물을 스토리로 설정하여 직접 촬영 후 문구를 추가하여 내 스토리에 추가해 봅니다.

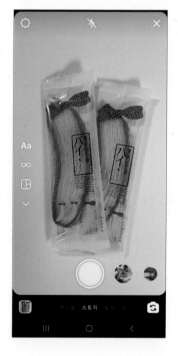 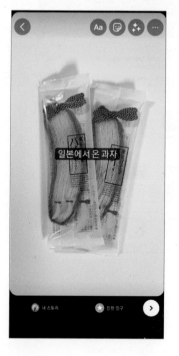 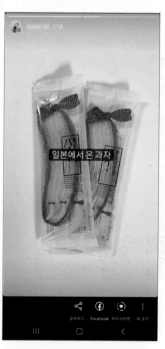

유튜브와 친해지기

학습 포인트

- 유튜브 무료 버전과 유료 버전 차이
- 유튜브에서 검색하기
- 구독과 좋아요
- 알림 설정하기
- 클립다운 앱 설치하기
- 유튜브 동영상 다운로드 하기

유튜브는 구글에서 운영하는 세계 최대 동영상 사이트입니다. 인기 드라마나 예능 프로그램, 실시간 뉴스 등 재미있고 유용한 영상을 유트브를 통해 볼 수 있어 유튜브 사용자는 계속 늘고 있습니다. 재미있게 본 동영상에 '좋아요'를 표시하고, 마음에 드는 유튜브 채널을 '구독'하는 방법에 대해 알아보겠습니다. 그리고 유튜브에서 저작권이 없는 음악을 검색하고 다운받아 오프라인에서 동영상을 재생하는 방법까지 알아보겠습니다.

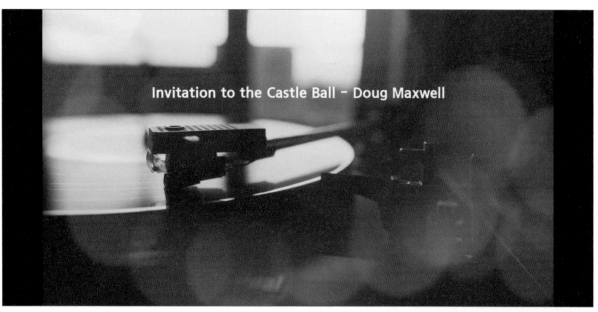

•••• ──
Step 01 | **세계 최대 동영상 사이트 유튜브**

유튜브는 구글에서 운영하는 세계 최대 동영상 사이트(www.youtube.com)입니다. 마음에 드는 음악이나 동영상을 검색하여 무료로 듣거나 볼 수 있고, 직접 동영상 콘텐츠를 만들어서 가까운 사람들은 물론, 전 세계 사람들과 공유할 수 있습니다. 안드로이드폰에는 구글 폴더 안에 기본적으로 유튜브 앱이 설치되어 있어서 따로 설치할 필요 없이 사용할 수 있습니다.

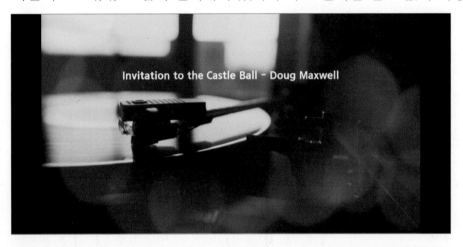

유튜브 프리미엄 (YouTube Premium)

유튜브 무료 버전은 동영상을 무료로 시청하는 대신 광고를 본 후에 시청할 수 있으나, 유튜브 유료 버전인 유튜브 프리미엄에서는 유튜브 동영상 광고 제거 기능, 스마트폰에서 오프라인 및 백그라운드 영상 재생 기능, 유튜브 뮤직을 통한 음악 스트리밍, 오프라인 동영상 다운로드 등의 기능을 사용할 수 있습니다.

▲ 유튜브 무료 버전

▲ 유튜브 유료 버전(프리미엄)

Step 01 유튜브에서 실시간 뉴스 검색하고 채널 '구독'하기

▶ **실시간 뉴스 보기**

01 스마트폰 홈 화면의 구글 폴더에서 [유튜브(▶)] 앱을 터치하여 실행합니다.

02 검색하기 위해 오른쪽 상단의 🔍를 **터치**하여 **'실시간뉴스'를 입력**하여 검색합니다.

안드로이드폰의 경우 구글 계정으로 동기화되어 있어 유튜브 모바일 앱을 사용할 경우 로그인을 하지 않아도 자동으로 로그인이 되어 있습니다. PC버전에는 로그아웃 버튼이 있으나 모바일 버전에는 로그아웃 버튼이 없어서 로그아웃할 수 없습니다. 다른 구글 계정으로 로그인하려면 유튜브 홈 화면 오른쪽 상단의 [프로필(sd)] 아이콘을 터치한 후 프로필 이름 옆의 [>]를 터치합니다. 계정 창이 나타나면 [+]를 터치하고 구글 로그인 화면에서 다른 구글 계정으로 로그인하여 사용합니다.

03 실시간 뉴스와 관련 영상이 검색됩니다. 실시간 뉴스를 보기 위해 **검색 목록 중 하나를 선택**합니다. 광고를 시청한 후에 선택한 영상을 볼 수 있습니다. 로그인이 되어 있기 때문에 실시간 채팅에 참여할 수 있습니다. 실시간 채팅 창을 닫으려면 ⊠를 **터치**하여 닫습니다.

유튜브 무료 버전은 선택한 영상을 보기 전에 광고가 재생됩니다. 광고 시청 후 영상을 감상할 수 있습니다.

▶ 유튜브 채널 '구독'하기

01 마음에 드는 채널을 '구독'하기 위해 채널 이름 옆에 [**구독**]을 **터치**합니다. 구독이 추가 되었다는 메시지가 나타나고, '구독중'으로 변경됩니다. 다른 채널들도 같은 방법으로 구독할 수 있습니다.

유튜브 채널

유튜브는 You(당신)와 Tube(텔레비전)의 합성어로 구글에서 운영하는 세계적인 동영상 사이트입니다. 유튜브는 TV와 다르게 댓글이나 실시간 채팅이 가능합니다. 유튜브에 채널을 개설하면 동영상을 업로드할 수 있습니다. 본인이 만든 창의적인 콘텐츠를 업로드하여 유튜브 채널을 운영하는 사람을 '유튜버' 또는 '유튜브 크리에이터'라고 합니다. 동영상을 시청하는 사람들은 마음에 드는 채널을 '구독'하고, 좋아하는 동영상에 '좋아요'를 눌러 나중에 '좋아요'를 표시한 동영상을 따로 모아서 볼 수도 있습니다. 구독자수가 많은 채널은 높은 광고 수익을 얻을 수 있습니다.

02 유튜브 앱 홈 화면 하단의 **[구독(▶)]을 터치**하면 구독한 채널에서 올린 동영상 콘텐츠를 모두 볼 수 있습니다.

03 상단의 구독 **채널 중 하나를 선택**한 후 **[채널보기]를 터치**합니다. 선택한 채널의 콘텐츠만 모두 모아서 볼 수 있습니다.

04 [구독중]을 **터치**하면 알림 설정을 변경하거나 구독취소를 할 수 있습니다. 구독한 채널이 많아질 경우 알림이 너무 많이 와서 불편할 수 있습니다. [맞춤설정]을 **터치**한 후 알림 설정하기 위해 ⋮를 **터치**하여 [설정]을 **터치**합니다.

알림

• 전체 : 구독한 채널의 모든 알림을 받습니다.
• 맞춤설정 : 설정한 알림만 받습니다.
• 없음 : 알림을 받지 않습니다.

05 설정 메뉴에서 [알림]을 **터치**하면 내가 받고 싶은 알림을 설정할 수 있습니다.

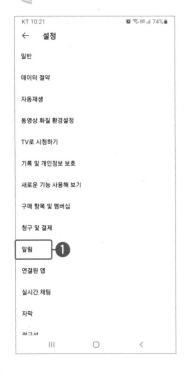

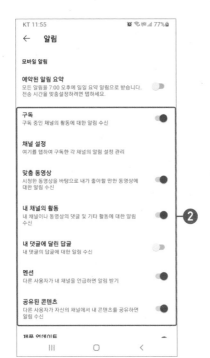

06 유튜브 앱 홈 화면에서 상단의 알림이나 하단의 구독에 빨간색 점 표시가 보이면 새로운 알림이나 콘텐츠가 있는 경우이므로 [알림(🔔)]이나 [구독(📑)]을 터치하여 새로운 내용을 확인합니다.

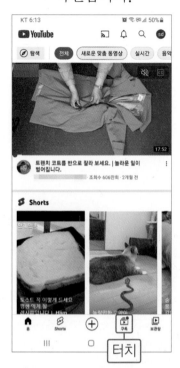

터치

잠깐! 유튜브 앱에서 동영상을 감상하다가 나중에 보거나 재생목록에 동영상을 저장하고 싶을 때는 동영상 오른쪽 아래의 ⋮를 터치하여 [나중에 볼 동영상에 저장] 또는 [재생목록에 저장]을 터치합니다. 저장한 영상을 보고 싶을 때 유튜브 오른쪽 하단의 [보관함(📁)]을 터치한 후 [나중에 볼 동영상]을 터치하면 저장한 영상을 볼 수 있습니다.

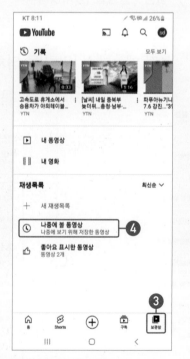

▶ 저작권 없는 음악 듣기

01 오른쪽 상단의 Q를 **터치**하여 '**저작권**'를 **입력**한 후 검색 목록 중 **[저작권 없는 클래식]**을 **터치**합니다.

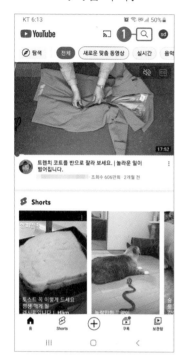

02 저작권 없는 클래식으로 **검색된 동영상 중 하나를 터치**하여 가로로 스마트폰을 돌려서 감상합니다. 유튜브를 통해 저작권 없는 음악을 들을 수 있습니다.

▶ 마음에 드는 동영상에 '좋아요' 표시하기

01 화면을 터치한 후 **동영상이 마음에 들면** , **마음에 들지 않으면** 를 **터치**합니다. 유튜브 하단 메뉴 중 **[보관함( )]을 터치**하고 **[좋아요 표시한 동영상]을 터치**합니다.

02 '좋아요'를 표시한 동영상만 따로 보관되어 있습니다. **[재생] 버튼을 터치**하면 '좋아요'를 표시한 동영상을 연속으로 볼 수 있습니다.

▶ 클립다운 앱 설치하기

01 홈 화면이나 앱스 화면에서 원스토어(①) 앱을 실행합니다. 사용하던 아이디가 있으면 로그인하고, 회원가입이 안 되어 있으면 하단 오른쪽의 **[회원가입]**을 **터치**하여 회원가입 후 로그인합니다. 하단 메뉴 중 **[검색]**을 **터치**합니다.

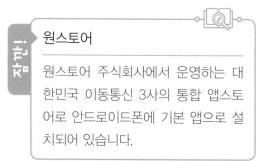

원스토어

원스토어 주식회사에서 운영하는 대한민국 이동통신 3사의 통합 앱스토어로 안드로이드폰에 기본 앱으로 설치되어 있습니다.

02 '클립다운'이라고 **입력**하여 검색한 후 목록 중 **[클립다운]**을 **터치**합니다. 클립다운 앱을 설치하기 위해 **[다운로드]** 버튼을 **터치**합니다.

03 설치가 진행된 후 완료되면 [실행] 버튼을 터치합니다. 홈 화면에 추가하겠냐는 창에 [추가]를 터치하여 클립다운() 앱의 아이콘을 홈 화면에 추가합니다.

홈 화면에 클립다운 앱이 추가되었으므로 실행 시 홈 화면의 [클립다운(●)] 앱을 터치하여 실행합니다.

04 유튜브 동영상 다운로드 방법에 대한 설명을 [다음] 버튼을 터치하여 모두 읽은 후 [클립다운 이용하기] 버튼을 터치합니다.

05 클립다운이 기기의 사진, 미디어, 파일에 액세스 하는 것을 허용하겠냐는 창에 [허용]을 터치합니다. 다른 앱 위에 표시 권한을 허용하기 위해 [설정] 버튼을 터치합니다.

06 다른 앱 위에 표시 화면에서 [권한 허용]을 터치하여 허용해 줍니다. 마케팅 정보 수신 동의에는 [동의안함]을 터치합니다.

 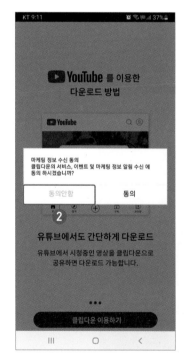

▶ 유튜브 동영상 다운로드하기

01 클립다운 앱 화면에서 유튜브 영상을 검색어로 검색하거나 영상 URL 주소를 복사 붙여
넣기하여 검색할 수 있습니다. 오른쪽 상단의 ☰를 **터치**한 후 **[환경설정]**을 **터치**합니다.

02 와이파이 환경에서만 영상을 다운로드받기 위해 환경설정 창에서 **[WIFI 환경에서만 다
운로드]**를 **터치**하여 설정합니다. 환경설정 창을 닫고 검색 창에 '**저작권 없는 클래식**'을
입력하여 검색합니다.

03 유튜브에서 검색한 영상과 동일한 영상들이 검색됩니다. 다운로드받을 영상의 ⬇를 터치합니다. 영상을 음원 파일로 받으려면 [AUDIO mp3] 버튼을 선택하고, 동영상으로 받으려면 [VIDEO mp4] 버튼을 선택합니다.

04 동영상으로 다운로드받기 위해 [VIDEO mp4] 버튼 아래의 [해상도 설정]을 터치합니다. [720p] 버튼을 선택하고 [VIDEO mp4] 버튼을 터치합니다. 사용 동의 안내를 읽어본 후 [동의]를 터치합니다.

저작권자가 허용한 동영상이나 음원만 다운로드받아야 하고, 다운로드받은 영상은 개인적으로 사용해야 합니다.

05 [다운로드] 탭을 터치하여 다운로드 진행 상황을 확인할 수 있습니다. 동영상 다운로드가 완료되면 '100%'로 표시되므로 [동영상]을 터치하여 다운로드받은 동영상을 확인합니다. 오프라인에서도 유튜브 영상을 감상할 수 있습니다.

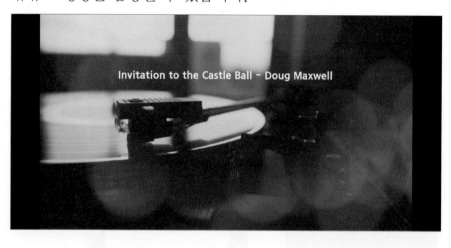

잠깐!

음원 파일로 동영상 다운로드받기

클립다운 앱에서 '저작권 없는 클래식'을 검색한 후 음원 파일로 다운로드받을 영상을 선택하고, [AUDIO mp3] 버튼을 터치하여 다운로드합니다. [다운로드] 탭에서 다운로드가 완료된 [동영상]을 터치하면 하단에 미디어 플레이어가 실행되어 해당 음원을 재생합니다.

1 유튜브(▶) 앱에서 '스트레스 해소 명상'을 검색하여 영상 중 하나를 감상한 후 좋아요를 눌러 '좋아요 표시한 동영상' 목록에 추가해 봅니다.

2 클립다운(◉) 앱에서 '저작권이 없는 팝송'을 검색하여 해상도 '360p의 mp4' 영상을 다운로드받고 오프라인에서 재생해 봅니다.

간편하게 본인인증하기

- 인증서 이해하기
- PASS 앱 설치하기
- 인증서 발급
- 운전면허증 등록

인터넷을 하면서 특정 사이트의 아이디나 비밀번호를 잊어버릴 때가 있습니다. 아이디나

비밀번호 찾기를 하려면 본인인증을 받아야 하는데 이때 PASS 앱이 설치되어 있다면 앱

에서 설정한 비밀번호 입력만으로 본인인증을 하고, 아이디나 비밀번호를 안내받을 수

있습니다. 국내선 공항을 이용할 때 깜박하고 신분증을 챙기지 못했을 경우 PASS 앱에

등록한 운전면허증으로 신분 확인을 받을 수 있습니다.

Step 01   인증서란?

인증서는 별도의 프로그램 없이 생체인식이나 간편인증 번호로 본인 확인이 가능한 서비스이며 목적에 따라 여러 종류의 인증서가 있습니다. 하나의 인증서로 전자상거래부터 금융권과 공공기관 등 여러 곳에서 사용 가능하면 좋겠지만 보안성과 편의성을 동시에 갖추기 어렵고, 민간인증서 업체별 이해관계가 얽혀 있어 범용성이 보장되지 않아 모든 요건을 충족하는 완벽한 인증서는 아직 없습니다. 사용자 목적에 적합한 인증서를 선택하여 사용하는 것이 중요합니다.

인증서 종류

종류	인증 방법	단점	비고
공동인증서 (구, 공인인증서)	• 비밀번호 입력 • 은행보안 비밀번호 입력	• 보안프로그램 설치 • 저장장치 문제성 • 배포방식의 문제점 • 보안토큰 관리의 불편	• 한국정보인증, 공공분야 시범 사업자
금융인증서	• 비밀번호 입력 또는 지문, 패턴	• 은행프로그램을 설치한 사람만 사용 가능	• 은행 앱에서 발급 가능 • 은행업무에 유리
PASS	• 6자리 비밀번호 입력 또는 지문	• 본인 명의로 개통하지 않으면 사용 불가	• 공공분야 시범 사업자
네이버페이	• 비밀번호 입력	• 네이버 비회원 사용 불가	• 다수의 제휴업체 확보
카카오페이	• 자동이체 출금 동의 • 6자리 비밀번호 입력	• 카톡 미사용자 불편 • 최초 접근성 불편	• 공공분야 시범 사업자 • 다수의 제휴업체 확보
토스(Toss)	• 비밀번호 입력 또는 생체인식	• 이체 한도와 결제 한도 존재	• 인터넷뱅킹, 금융업무에 유리
KB 모바일 인증서	생체인식 또는 패턴 6자리 비밀번호 입력	• 파생 앱이 많고 속도가 느림	• 공공분야 시범 사업자 선정 • KB보험, 카드, 증권 저축은행 이용 가능

보안성은 PASS가 뛰어나고, 카카오페이와 네이버페이는 많은 사용자를 확보해 인지도가 높은 인증서입니다. 주목적이 금융거래일 경우 금융인증서나 공동인증서를 사용하는 것이 좋습니다. 어떤 인증서를 사용할 것인지는 개개인의 사용 목적과 사용처에 따라 다릅니다.

> **잠깐만요 | PASS란?**
>
> PASS는 통신 3사(LG유플러스, SK텔레콤, KT)의 공동 사업으로 고객에게 전자서명을 제공하는 본인인증 앱입니다. PASS는 매번 시행해야 하는 본인인증 절차를 간소화하면서도 높은 보안 수준을 확보한 것이 특징이라 할 수 있습니다.

Step 01 PASS 앱 설치하고 회원가입하기

01 Play 스토어(▶) 앱을 실행합니다.Google play 검색 창에 '**pass**'를 **입력**합니다. PASS 앱의 **[설치] 버튼을 터치**하여 설치를 진행합니다. 설치가 완료되면 **[열기] 버튼을 터치**합니다.

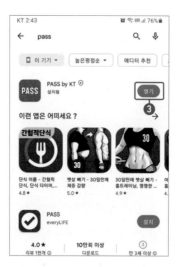

02 PASS(■) 앱을 실행한 후 접근권한에 대한 승인이 필요하다는 창에 '**전체 동의(선택항목포함)**'를 **체크**한 후 **[확인] 버튼을 터치**합니다. PASS에서 전화를 걸고 관리하도록 허용하겠냐는 창에 **[허용]을 터치**하고, 계속해서 사진 기기 등의 권한을 허용하겠냐는 창에도 **[허용]을 터치**합니다.

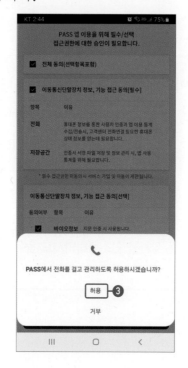

03 회원가입 화면에 **이름, 주민등록번호, 통신사, 휴대전화 번호를 입력**하고 [다음] 버튼을 터치합니다. 회원가입을 위한 동의는 **필수 사항만 체크**하고 [다음] 버튼을 터치합니다.

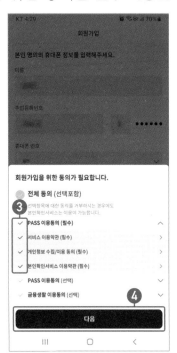

04 잠깐 기다리면 문자로 인증번호가 전송되며 전송된 인증번호가 자동으로 입력됩니다. [확인] 버튼을 터치합니다.

05 비밀번호 설정 창에서 PASS 앱에서 사용할 **비밀번호를 입력**한 후 **한 번 더 같은 비밀번호를 입력**합니다. 설정한 PASS 비밀번호는 본인인증 시 입력하기 때문에 꼭 기억해 두어야 합니다.

06 PASS 가입이 완료되었습니다. **[지문등록] 버튼을 터치**하여 지문을 등록해 두면 비밀번호 대신 지문을 통해 인증을 받을 수 있습니다. 지문을 등록하지 않으려면 등록 창을 닫아 줍니다.

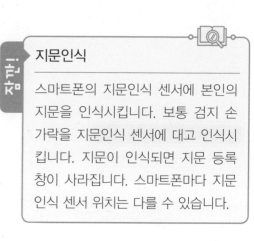

지문인식

스마트폰의 지문인식 센서에 본인의 지문을 인식시킵니다. 보통 검지 손가락을 지문인식 센서에 대고 인식시킵니다. 지문이 인식되면 지문 등록 창이 사라집니다. 스마트폰마다 지문인식 센서 위치는 다를 수 있습니다.

▶ 인증서 발급받기

01 PASS 앱의 홈 화면에서 인증서를 발급받기 위해 **[+인증서 발급받기]**를 **터치**합니다. 본인인증을 위해 **이름과 휴대전화 번호를 입력**한 후 **[다음]** 버튼을 **터치**합니다.

인증수단을 비밀번호, 지문 모두 등록한 경우 자주 사용하는 수단으로 설정

02 인증서 서비스 사용을 위해 동의가 필요하다는 창에 **'전체 동의'**에 **체크**하고 **[다음]** 버튼을 **터치**합니다. 등록한 **비밀번호를 입력**하거나 **지문으로 인증**을 받습니다.

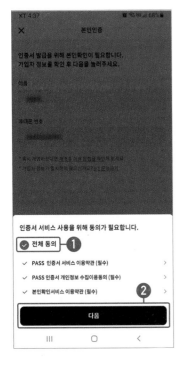

03 더 안전한 이용을 위한 계좌인증을 진행합니다. 본인이 보통 **자주 사용하는 은행과 계좌 번호를 입력**한 후 [다음] 버튼을 터치합니다. 입력한 계좌로 1원이 입금되면 **입금자로 표 시된 단어를 입력**한 후 [확인] 버튼을 터치합니다.

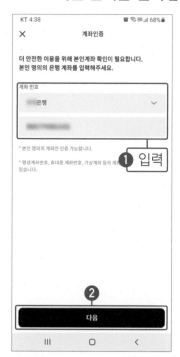

04 인증서 발급이 완료되면 [**인증서 보기**] 버튼을 **터치**하여 발급된 인증서를 확인합니다.

▶ 인증서 사용하기

01 국세청 연말정산을 확인하거나 지방세 등을 납부하기 위해 국세청 손택스(🖥) 앱을 실행합니다. 국세청 손택스 앱에서 PASS 인증서로 로그인할 수 있습니다. [로그인]을 터치한 후 [간편인증(민간인증서)]을 터치하고 [통신사패스]를 선택합니다. 아래쪽에 **이름, 생년월일 여덟자리, 통신사, 휴대전화 번호를 입력**한 후 [다음] 버튼을 터치합니다.

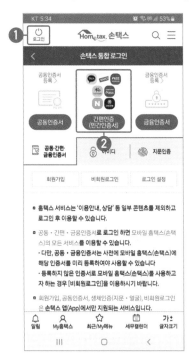

> **잠깐** 국세청 손택스 앱은 Play 스토어(▶) 앱에서 '국세청'이라고 검색한 후 '국세청 홈택스(손택스)'를 선택하여 설치 후 [국세청 손택스(🖥)] 앱을 터치하여 실행합니다.

02 이용약관 동의 창에 [모두 동의하고 인증요청] 버튼을 터치하면 'PASS 서명이 도착했습니다.'라는 알림 창이 나타납니다. **알림 창을 터치**합니다

03 PASS 서명 요청에서 '개인정보 제3자 제공동의(필수)'에 체크하고 [서명하기] 버튼을 터치합니다. PASS 앱의 간편 비밀번호를 입력합니다.

04 인증 완료 화면에서 [확인] 버튼을 터치한 후 [인증 완료] 버튼을 터치하면 국세청 손택스 앱에 로그인하게 됩니다.

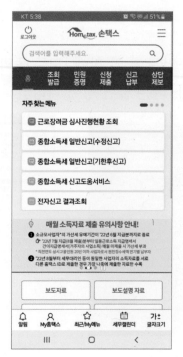

01 PASS 앱에 운전면허증을 등록하기 위해 [+운전면허증]을 터치한 후 [운전면허증 등록하기] 버튼을 터치합니다.

운전면허증 사용처

PASS 앱에 등록된 운전면허증은 도로교통공단에서 운전자 확인을 위해 사용할 수 있고, 영화관, 편의점 등에서 성인인증을 할 때 사용이 가능합니다. 또한, 국내선 공항에서 탑승 수속을 할 때 신분증으로 사용할 수 있습니다. 신분 확인용으로만 사용 가능할 뿐 법적 효력을 갖지 못합니다.

02 모바일운전면허 확인서비스 창에서 '전체 동의'에 체크한 후 [이용동의] 버튼을 터치합니다. 실물 운전면허증을 준비한 후 [운전면허증 촬영하기] 버튼을 터치합니다.

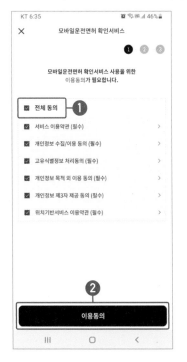

03 PASS에서 사진을 촬영하고 동영상을 녹화하도록 허용하겠냐는 창에 **[허용]을 터치**합니다. 실물 면허증의 앞면이 빨간색 선 안에 들어가게 놓으면 자동으로 촬영됩니다.

면허증 앞면이 빨간색 선 안에 들어가게 놓기

04 면허증 정보가 자동 인식되어서 나타납니다. 실제 면허증 정보가 맞는지 확인하고, 수정하거나 재촬영을 해야할 때는 **[재촬영] 버튼을 터치**하여 다시 촬영합니다. 정보가 정확하면 하단의 **[등록 완료] 버튼을 터치**합니다. 등록결과를 확인하기 위해 **[등록결과 보기] 버튼을 터치**합니다.

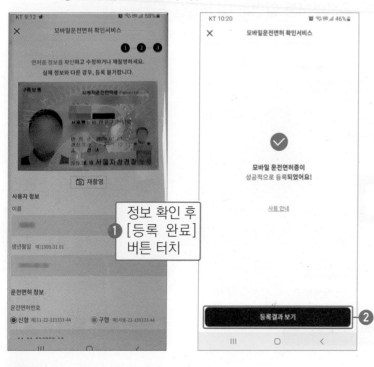

정보 확인 후 [등록 완료] 버튼 터치

운전면허번호가 신형과 구형이 다르므로 본인의 실물 운전면허증의 운전면허번호 형식이 신형인지 구형인지 확인하고 제대로 선택되어 있는지 꼼꼼히 확인한 후 등록합니다.

05 등록된 운전면허증을 볼 수 있습니다. **[상세보기]를 터치**하면 운전면허번호, 생년월일, 적검/갱신기간, 발급일자 등 실물 운전면허증과 동일한 내용을 확인할 수 있습니다.

터치

06 신분 확인용으로 운전면허증이 필요할 때 PASS(PASS) 앱을 실행합니다. 등록된 **[운전면허증]을 터치**한 후 등록한 **비밀번호를 입력**하면 운전면허 확인서비스가 실행되어 운전면허증을 확인하는데 사용할 수 있습니다.

❷ 비밀번호 입력

1 PASS(PASS) 앱을 실행한 후 인증서 인증 내역을 확인해 봅니다.

2 PASS(PASS) 앱을 실행한 후 [전자문서]–[전자증명서] 탭을 터치합니다. '전자문서 지갑'을 발급받은 후 [증명서 신청하기]를 터치하여 주민등록등본을 종이가 아닌 전자문서로 발급받아 봅니다.

집에서 처리하는 은행 업무

인터넷 뱅킹이나 모바일 앱을 사용하면 은행에 방문하지 않아도 다른 사람에게 돈을 이체할 수 있습니다. 인터넷으로 은행 업무를 보려면 은행에서 공인인증서를 발급받아야 하므로 번거롭고 어렵습니다. 그러나 카카오뱅크 등의 모바일 앱을 사용하면 간편 인증 번호만으로 빠르고 쉽게 은행 거래를 할 수 있습니다. 카카오뱅크 앱을 사용하면 기존에 본인이 사용하는 계좌에서 돈을 가져와 다른 사람에게 이체할 수 있어 편리합니다.

Step 01 대부분의 은행 업무가 가능한 모바일 뱅킹

코로나19로 인해 비대면 거래가 급증하면서 온라인에 대한 의존도가 높아져 많은 사람이 모바일 뱅킹 앱을 사용해 은행 업무를 보고 있습니다. 요즘에는 꼭 은행을 방문하지 않아도 현금 인출이나 직접 입금하는 등의 업무를 제외한 계좌조회, 송금 서비스, 신용등급 조회, 대출 서비스 등 대부분의 은행 업무를 스마트폰으로 빠르고 간편하게 처리할 수 있습니다.

인터넷 뱅킹은 많은 보안 프로그램을 설치해야 하고, 공인인증서를 발급받아야 하는 문제 때문에 인터넷에 익숙하지 않은 분들이 사용하기에 어려움이 있었습니다. 모바일 뱅킹 앱은 인터넷 뱅킹보다 간단한 절차를 통해 사용할 수 있습니다. 모바일 뱅킹 앱으로는 은행별 뱅킹 앱과 카카오뱅크 앱, 토스 앱 등이 있습니다. 사람들은 주로 주거래 은행의 뱅킹 앱을 사용하고, 간편한 카카오뱅크 앱과 토스 앱을 많이 사용하고 있습니다.

▲ KB스타뱅킹 앱

▲ 카카오뱅크 앱

▲ 토스 앱

▶ 카카오뱅크 앱 설치하고 시작하기

01 Play 스토어(▶) 앱을 실행합니다. Google play 검색 창에 **'카카오뱅크'를 입력**합니다. 카카오뱅크 앱의 **[설치] 버튼을 터치**하여 설치를 진행합니다. 설치가 완료되면 **[열기] 버튼을 터치**합니다.

02 카카오뱅크(**B**) 앱을 실행한 후 **[동의하고 시작하기] 버튼을 터치**합니다. 전화와 위치 정보에 액세스하도록 허용하겠느냐는 창에 각각 **[허용]**을 터치합니다.

03 카카오톡에 가입되어 있는 경우 [카카오계정으로 시작하기] 버튼을 터치합니다. 카카오 뱅크 약관의 '전체 동의하기'에 체크한 후 [동의하고 계속하기] 버튼을 터치합니다.

카카오톡 계정이 없거나 카카오뱅크 앱에 가입한 이력이 있는데 기기를 변경한 경우에는 [휴대폰번호로 시작하기] 버튼을 터치합니다.

04 '약관 및 필수동의'에 체크한 후 [카카오뱅크 시작하기] 버튼을 터치합니다. 광고성 정보 수신 동의 안내를 받겠냐는 창에는 [아니요]를 터치합니다.

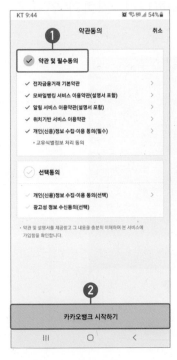

▶ 내 계좌 개설하기

01 카카오뱅크 앱 홈 화면이 나타납니다. 계좌를 개설하기 위해 [+계좌 개설하기]를 터치합니다. 카카오뱅크 입출금통장을 신청하기 위해 [신청하기] 버튼을 터치합니다.

02 [카카오뱅크 입출금통장 상품설명서]를 터치하여 읽어본 후 화면을 아래로 스크롤하여 '상품 이용약관' 등에 체크하고 [다음] 버튼을 터치합니다.

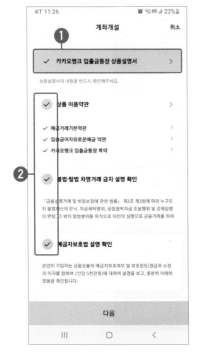
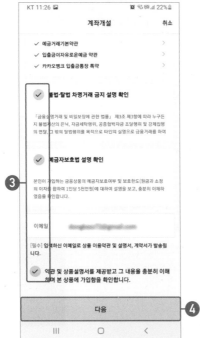

03 통장 비밀번호를 입력하고 **사용 용도를 선택**합니다. 질문사항에 '**아니요**'를 체크한 후 화면을 아래로 스크롤하여 이체한도 안내에 대한 내용을 읽어 봅니다. '**위 안내에 대해 확인하고 이해합니다.**'에 체크한 후 **[다음] 버튼을 터치**합니다.

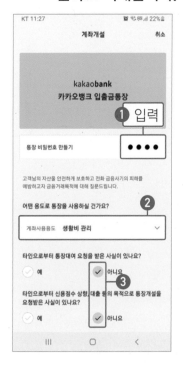

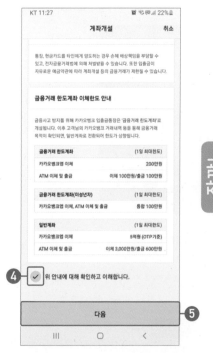

카카오뱅크 최대한도

카카오뱅크 입출금통장을 처음 개설하였을 경우 1일 최대한도는 200만원입니다. 만약 서류를 준비하여 한도계좌 해지 신청을 하면 일반계좌로 전환되어 1일 이체 가능 금액이 최대 5억원까지 가능하다고 안내되어 있습니다.

04 본인 확인을 위해 주민등록증이나 운전면허증을 준비하고 **[다음] 버튼을 터치**합니다. 카카오뱅크에서 사진 촬영하는 것을 허용하겠냐는 창에 **[허용]을 터치**합니다. 영역 안에 신분증이 꽉 차도록 놓으면 자동으로 촬영됩니다.

05 신분증과 함께 추가로 진행할 본인확인 방법을 선택합니다. **'셀카 촬영'을 선택**한 후 **[다음] 버튼을 터치**합니다. 셀카를 찍기 전에 주의사항을 읽어본 후 **[다음] 버튼을 터치**하고, 서비스 이용을 위한 필수 동의 사항에 **[모두 동의] 버튼을 터치**합니다. 셀카 촬영 화면이 나타나면 전면 카메라로 셀카를 찍습니다.

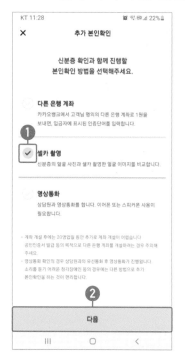

06 카카오뱅크 간편 인증서에 동의하면 인증번호로 간편하게 이체 등의 업무가 가능합니다. 인증번호를 입력하라는 화면에 **인증 비밀번호를 설정**한 후 다시 한 번 **동일한 인증 비밀번호를 입력**합니다. 빠른 로그인, 이체를 위해 지문을 사용할 것인지 물으면 **[사용하기] 버튼을 터치**한 후 지문인식 센서에 손가락을 올려서 **지문을 등록**합니다.

카카오페이 사용자의 경우

만약 카카오페이를 사용하고 있다면 카카오뱅크 앱에서 통장을 개설하였을 경우 새로운 인증 비밀번호를 입력하는 것이 아닌 기존에 카카오페이 간편결제 인증 비밀번호를 입력하면 됩니다. 이후에는 위 과정과 같이 지문 사용 여부를 묻는 화면이 나타납니다. 카카오페이 간편결제 인증 비밀번호와 동일하게 카카오뱅크 앱에서 사용할 수 있습니다.

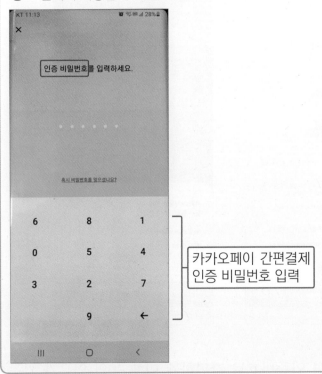

카카오페이 간편결제 인증 비밀번호 입력

07 인증 비밀번호와 지문 등록이 끝나면 입출금통장 개설이 완료됩니다. ☒를 **터치**하여 창을 닫으면 카카오뱅크 앱 홈 화면에 개설한 입출금통장이 나타납니다.

개설한 입출금통장과 연동된 체크카드를 신청하려면 [카드신청]을 터치한 후 안내되는 순서대로 신청을 진행합니다. 카카오뱅크 체크카드를 신청하면 신청 완료 후 평일 기준 1~2주 이내 본인이 입력한 주소지로 카드를 받을 수 있습니다.

▶ 가져오기

01 새롭게 개설한 계좌이기 때문에 잔액이 '0원'입니다. 원래 사용하던 계좌에서 돈을 가져올 수 있습니다. 개설된 **[통장]**을 터치한 후 **[가져오기]** 버튼을 터치합니다.

카카오계정 연결하기

카카오뱅크를 카카오계정이 아닌 휴대전화 번호로 시작한 경우에는 다른 계좌에서 돈을 가져올 수 없습니다. 카카오계정을 연결하기 위해서는 하단 메뉴 중 [⋯]를 터치하여 상단 오른쪽의 [앱설정] 버튼을 터치합니다. 연결된 계정 메뉴에서 [카카오계정]–[연결안됨]을 터치한 후 [카카오계정 연결하기] 버튼을 터치하면 나의 카카오계정과 연결할 수 있습니다.

02 카카오뱅크 계좌로 잔액을 가져올 다른 금융 계좌를 등록하겠냐는 창에 **[등록하기]** 버튼을 **터치**합니다. 카카오뱅크 앱에서 내 계좌를 모아볼 수 있다는 설명을 읽어본 후 **[시작하기]** 버튼을 **터치**합니다.

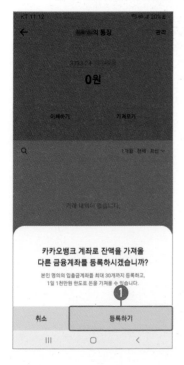

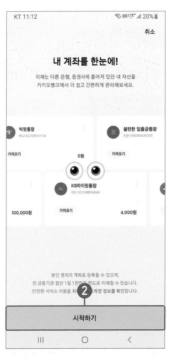

잠깐만요 카카오뱅크를 이용할 경우 카카오뱅크 계좌 간 이체 수수료는 무료입니다. 그 외 다른 은행으로 이체하는 경우에는 카카오뱅크 정책에 따라 면제로 제공되고 있으나 추후 정책 변경에 따라 수수료가 부과될 수 있습니다.

03 카카오뱅크 서비스 제공을 위한 개인정보 제공 창에서 **'[필수] 필수 제공 항목'**에 **체크**한 후 **[동의하고 계속하기]** 버튼을 **터치**합니다. 다른 금융계좌를 등록하기 위한 서비스 이용약관의 **'약관 전체동의'**를 **체크**하면 열리는 오픈뱅킹 서비스 이용약관을 읽어본 후 **[확인]** 버튼을 **터치**합니다. 입력된 휴대전화 번호와 이메일을 확인 후 **[다음]** 버튼을 **터치**합니다.

04 내가 사용하는 다른 금융계좌 목록이 나타납니다. 카카오뱅크로 **가져올 은행의 계좌를 체크**한 후 **[다음] 버튼을 터치**합니다. 등록할 계좌의 이용약관에 동의하기 위해 **'약관 전체동의'를 체크**하고 이용약관에 대해서 읽어본 후 **[확인] 버튼을 터치**합니다. **[등록하기] 버튼을 터치**하면 계좌등록 완료 화면이 나타납니다. **[확인] 버튼을 터치**합니다.

 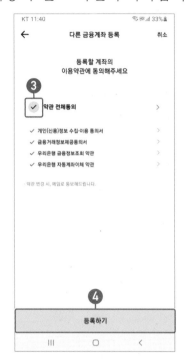 

05 가져올 계좌 선택에서 **등록한 계좌를 선택**합니다. **가져올 금액을 입력**한 후 **[다음] 버튼을 터치**합니다.

06 등록한 계좌에서 본인이 입력한 금액만큼 가져오겠냐는 창에 **'내 계좌로 빠른 이체하기'** 에 체크한 후 **[가져오기] 버튼을 터치**합니다. 빠른 이체를 위해 지문 인증 창이 나타나면 지문인식 센서에 손가락을 올립니다.

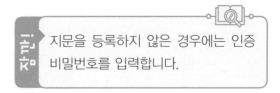
지문을 등록하지 않은 경우에는 인증 비밀번호를 입력합니다.

07 가져오기 완료 창에 **[확인] 버튼을 터치**하면 카카오뱅크 통장에 입금된 금액이 표시됩니다.

▶ 이체하기

01 카카오뱅크 앱 홈 화면에서 등록한 계좌를 모두 확인할 수 있습니다. 카카오뱅크 통장의 **[이체]**를 **터치**합니다. [계좌번호] 탭이 선택된 상태에서 **[이체하기]** 버튼을 **터치**합니다.

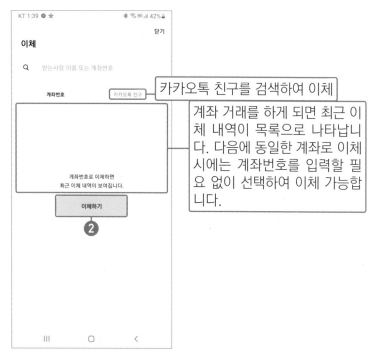

카카오톡 친구를 검색하여 이체

계좌 거래를 하게 되면 최근 이체 내역이 목록으로 나타납니다. 다음에 동일한 계좌로 이체 시에는 계좌번호를 입력할 필요 없이 선택하여 이체 가능합니다.

02 **이체할 은행을 선택**한 후 **계좌번호를 입력**하고 **[확인]** 버튼을 **터치**합니다.

이체할 계좌번호 입력

03 이체할 금액을 입력하고 [다음] 버튼을 터치합니다. '받는 분에게 표기'와 '나에게 표기'를 설정한 후 [다음] 버튼을 터치합니다.

'받는 분에게 표기'와 '나에게 표기'는 각각 선택하여 변경할 수 있습니다. 변경하지 않으면 '받는 분에게 표기'에는 통장의 예금주명이 입력되고, '나에게 표기'에는 수취인명이 입력됩니다.

04 수취인명과 계좌를 다시 한번 확인히는 창이 나타나면 이체 금액을 확인한 후 [이체하기] 버튼을 터치합니다. 지문 센서에 손을 올려 인식하면 이체완료 화면이 나타납니다. [확인] 버튼을 터치합니다. 홈 화면에서 카카오뱅크 통장 계좌의 잔액을 확인할 수 있습니다.

1 카카오뱅크(ᴮ) 앱으로 가져오기한 다름 금융 계좌로 '1000원'을 이체해 봅니다.

2 카카오뱅크(ᴮ) 앱에서 카카오톡 친구에게 '1000원'을 이체해 봅니다.

> **힌트**
> 이체 화면에서 [카카오톡 친구] 탭을 선택하여 [카카오계정 연결하기] 버튼을 터치합니다. 절차 대로 동의한 후 카카오톡 친구 목록이 나타나면 이체할 친구의 이름을 검색하여 이체합니다.

모바일 쇼핑

10

학습 포인트

- 네이버쇼핑에서 상품 검색
- 사용자에게 맞는 상품으로 분류
- 네이버페이 카드 등록
- 상품 결제
- 주문 취소

보통 컴퓨터로 인터넷 쇼핑을 많이 했었으나 요즘에는 모바일 앱을 통해 쇼핑을 하는 사람이 많아졌습니다. 네이버 앱의 네이버쇼핑에서는 다양한 상품을 비교 검색하여 본인에게 맞는 상품을 검색하여 구매할 수 있습니다. 네이버 앱에 네이버페이를 한 번 등록해 두면 비밀번호나 지문으로 결제할 수 있어 편리합니다. 네이버쇼핑에서 모바일 쇼핑을 해 보겠습니다.

Step 01 다양한 모바일 쇼핑 앱

이전에는 컴퓨터를 통해 인터넷 쇼핑을 즐겼으나, 요즘에는 항상 들고 다닐 수 있는 스마트폰으로 모바일 쇼핑을 합니다. 코로나19 시대를 지나면서 모바일 쇼핑 인구가 늘어났습니다. 오프라인보다 온라인에서 더 저렴하고 좋은 물건을 구매할 수 있습니다. 그리고 온라인에서 물건을 구매하면 집 앞까지 배송해 주는 편리함이 있습니다. 모바일 앱으로 농수산물 직거래도 가능해서 집 앞까지 싱싱한 상품이 배달되고, 직거래로 판매하는 농어민의 수익도 더 큽니다.

하지만 우후죽순 생겨나는 개인 스토어들에 의해 쇼핑 사기를 당하는 경우도 생겨나므로 믿을 수 있는 쇼핑몰에서 상품을 구입하는 것이 좋습니다. 네이버쇼핑의 경우 네이버 아이디만 있으면 누구나 쇼핑몰을 개설할 수 있고, 다양한 인터넷 쇼핑몰의 상품을 한 번에 비교 검색할 수 있어 좋은 물건을 저렴하게 구매할 수 있습니다.

▲ 네이버 앱의 네이버쇼핑

▲ 쿠팡 앱

▲ SSG 앱

▶ 최적의 상품 검색하기

01 홈 화면이나 앱스 화면에서 네이버(**N**) 앱을 실행합니다. 로그인하기 위해 ☰**를 터치**하고 '**로그인하세요**'를 터치합니다.

02 네이버 계정으로 로그인한 후 검색 창에 '**마늘**'을 검색합니다.

03 '마늘'에 대한 검색 결과가 나타납니다. 카테고리 중에서 **[쇼핑] 탭을 터치**합니다. 검색한 상품의 목록이 나타납니다.

04 상단에 '마늘'과 관련된 연관 상품과 키워드추천이 제공됩니다. 키워드추천 중에서 **'의성마늘'을 선택**하면 '의성마늘'과 관련된 상품만 검색됩니다. 중간 부분의 필터 항목 중 **[가격]-[2만원~3만원]을 터치**하여 사고자하는 상품의 가격대를 설정합니다. '2만원~3만원'대의 '의성마늘'만 네이버 랭킹순으로 검색됩니다.

> 터치하면 '낮은 가격순/높은 가격순/리뷰 많은순/리뷰 좋은순/등록일순' 중 선택하여 상품을 원하대로 분류할 수 있습니다. 낮은 가격순으로 설정하면 최저가 상품을 선택할 수 있으나, 본인이 원하는 상품을 선택하는 것이 중요합니다.

▶ 상품 구매하기

01 검색 목록 중 **마음에 드는 상품을 터치**합니다. 상품에 대해서 자세히 살펴볼 수 있습니다.

터치 →

상품 페이지

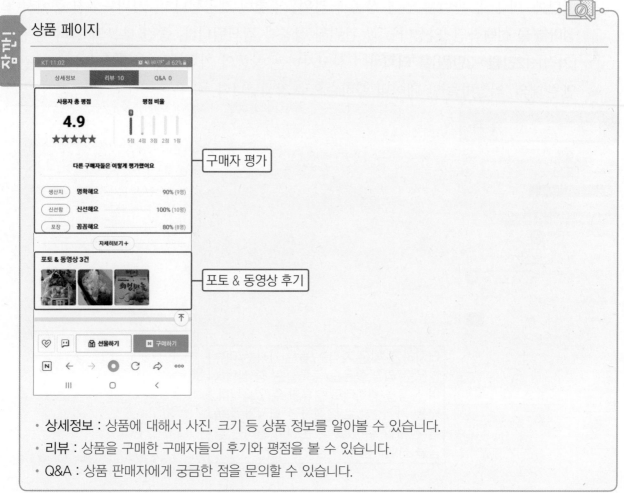

구매자 평가

포토 & 동영상 후기

- **상세정보** : 상품에 대해서 사진, 크기 등 상품 정보를 알아볼 수 있습니다.
- **리뷰** : 상품을 구매한 구매자들의 후기와 평점을 볼 수 있습니다.
- **Q&A** : 상품 판매자에게 궁금한 점을 문의할 수 있습니다.

02 [구매하기] 버튼을 터치한 후 옵션선택 창에서 ∨를 터치하여 구매할 상품을 선택합니다. [장바구니 담기] 버튼을 터치합니다. 장바구니로 이동하겠냐는 창에 [확인]을 터치합니다.

03 장바구니 안에 전체 상품을 구매하기 위해 [주문하기] 버튼을 터치합니다. 주문/결제하기 화면으로 이동하면 **수령인, 연락처1, 배송지는 필수로 입력**해야 합니다. 배송지의 주소를 입력하기 위해 **[주소검색] 버튼을 터치**합니다.

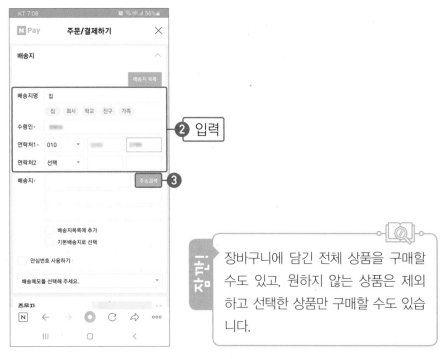

04 우편번호 찾기에서 **[도로명주소] 탭을 터치**하고, 검색 창에 본인의 **도로명주소를 입력**한 후 **[검색] 버튼을 터치**합니다. **주소지를 선택**하고 아래쪽의 **상세주소를 입력**한 후 **[주소입력] 버튼을 터치**합니다.

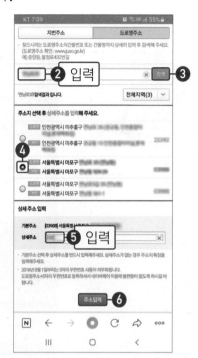

05 설정한 주소가 입력된 것을 확인할 수 있습니다. '**배송지목록에 추가**', '**기본배송지로 선택**', '**안심번호 사용하기**'에 **체크**합니다.

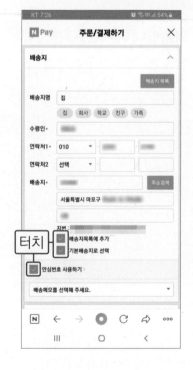

> **잠깐**
> * **안심번호 서비스** : 전화번호를 택배사 측에 노출되지 않도록 일회용 안심번호를 제공해 주는 서비스입니다.
> * **배송지목록에 추가** : 배송지목록에 추가해두면 입력정보가 남아 다음에 배송지목록에서 선택할 수 있습니다.
> * **기본배송지로 선택** : 자주 사용하는 주소라면 기본배송지로 설정해 두는 것이 좋습니다.

01 주문/결제하기 화면에서 화면을 아래로 내리면 상품할인에 적용할 쿠폰이나 포인트를 선택할 수 있습니다. 결제수단을 선택하는 화면에서 **[카드 간편결제]를 선택**합니다. 카드를 등록하기 위해 **[+ 간편결제 카드 추가]를 터치**합니다.

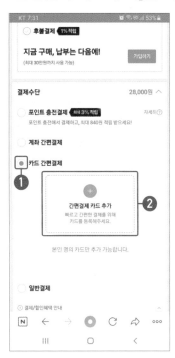

02 녹색 사각형 안에 카드를 맞춰놓으면 카드 정보가 자동으로 스캔됩니다. 스캔이 완료되면 **[확인] 버튼을 터치**합니다. 스캔이 되지 않으면 **[직접입력] 버튼을 터치**하여 카드번호를 직접 입력해야 합니다.

① 영역 안에 카드 놓기

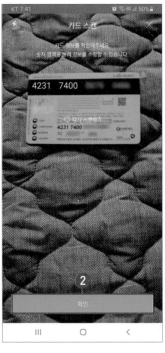

네이버페이

네이버페이는 은행 계좌나 체크카드, 신용카드를 미리 네이버쇼핑에 등록해 두고 등록한 결제수단으로 결제 및 이체 등을 할 수 있는 간편결제 서비스입니다.

03 카드정보가 입력되었으면 추가로 CVC 번호와 카드 비밀번호의 앞 두 자리를 입력하고, '전체 약관 동의'에 체크한 후 [완료] 버튼을 터치합니다. 네이버파이낸셜 본인 휴대전화 ARS 인증 창에서 '통신사/인증사 약관에 모두 동의합니다.'에 체크하고, 이름, 내국인, 성별, 생일 8자리, 통신사, 전화번호를 입력한 후 [인증] 버튼을 터치합니다.

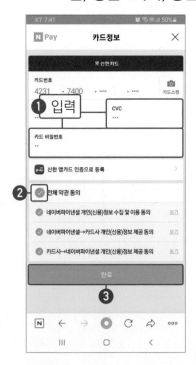 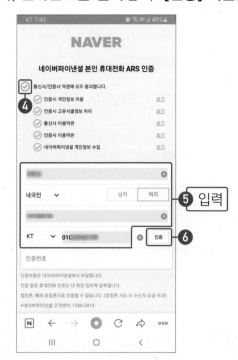

04 입력한 본인의 휴대전화로 인증번호가 도착하면 인증번호 입력란에 **인증번호를 입력**하고, [**확인**] 버튼을 터치합니다.

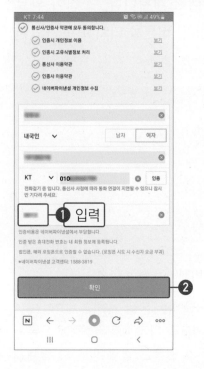

05 네이버페이에서 사용할 **비밀번호 6자리를 입력**하고 다시 한 번 **설정한 비밀번호를 입력**합니다. 네이버페이 비밀번호가 설정되었다는 창의 **[확인]**을 터치합니다.

06 비밀번호 대신 지문인증을 사용하겠냐는 창에 **[확인]**을 **터치**합니다. 지문을 인식시켜 달라는 창이 나타나면 지문인식 센서에 손가락을 댑니다.

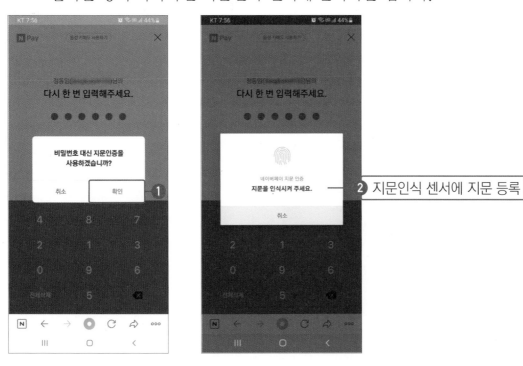

카드 간편결제를 비밀번호로만 설정하려면 [취소]를 터치하고 지문을 등록하지 않아도 됩니다.

07 네이버페이에 카드가 등록되었기 때문에 주문서가 새로고침 되었다는 창이 나타납니다. **[확인]을 터치**합니다. 카드가 등록되었습니다.

08 화면을 아래로 내려 **[결제하기] 버튼을 터치**합니다. 네이버페이 간편결제에 지문을 등록하였기 때문에 지문인식만으로 결제가 진행됩니다.

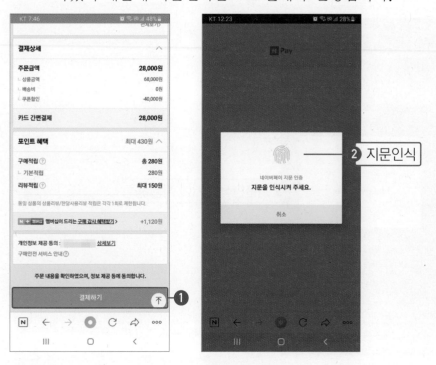

네이버페이 간편결제에 지문을 등록하지 않은 경우 비밀번호 입력 창이 나타납니다.

01 결제가 완료되면 주문완료 화면이 나타납니다. 주문완료 화면에서 주문 사항을 다시 한번 확인한 후 화면을 아래로 내려서 **[구매내역 보기]** 버튼을 터치합니다.

네이버 홈 화면의 상단 오른쪽의 ⬚를 터치한 후 [결제내역] 탭을 터치하면 취소요청, 배송지변경, 영수증조회 등이 가능합니다.

02 하단의 배송지 정보에서 **[배송지변경]** 버튼을 **터치**하면 상품 발송 전에는 배송지를 변경할 수 있습니다. 주문을 취소하려면 **[취소요청]** 버튼을 **터치**합니다.

• **전화걸기** : 판매자에게 전화를 걸어 문의할 수 있습니다.
• **문의하기** : 판매자에게 글을 남겨 문의할 수 있습니다.
• **톡톡하기** : 판매자에게 대화를 걸어 문의할 수 있습니다.

03 **취소 요청 사유 항목 중 하나를 선택**한 후 상세 사유 입력에 **취소 사유를 입력**합니다. **[다음 단계로 이동]** 버튼을 **터치**합니다. 환불 처리가 완료되었다고 안내되고 시간이 지나면 결제한 카드로 환불 처리됩니다.

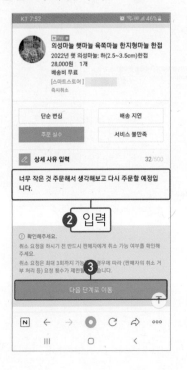

1 네이버 쇼핑에서 '55인치 TV'를 검색한 후 'QLEDTV', 'UHD(4K)' TV 중 최저가 상품을 검색해 봅니다.

2 네이버 쇼핑에서 '새우'를 검색한 후 '독도새우', '생물', '3만원~4만원'으로 상세 조건을 설정하여 상품을 구매해 봅니다. (단, 옵션은 자유롭게 합니다.)

아는 만큼 재미있는

스마트폰 활용

초판 3쇄 발행	2024년 03월 26일
초 판 발 행	2022년 10월 12일
발 행 인	박영일
책 임 편 집	이해욱
저 자	정동임
편 집 진 행	정민아
표지디자인	김도연
편집디자인	김지현
발 행 처	시대인
공 급 처	(주)시대고시기획
출 판 등 록	제 10-1521호
주 소	서울시 마포구 큰우물로 75 [도화동 538 성지 B/D] 6F
전 화	1600-3600
홈 페 이 지	www.sdedu.co.kr
I S B N	979-11-383-3254-5(13000)
정 가	10,000원

시대인은 종합교육그룹 (주)시대고시기획 · 시대교육의 단행본 브랜드입니다.